要素错配
与全要素生产率波动研究

Study on Misallocation
and Total Factor Productivity Fluctuation

刘婕 / 著

中国财经出版传媒集团

经济科学出版社
Economic Science Press

图书在版编目（CIP）数据

要素错配与全要素生产率波动研究/刘婕著．—北京：
经济科学出版社，2018.9
ISBN 978 - 7 - 5141 - 9589 - 7

Ⅰ．①要… Ⅱ．①刘… Ⅲ．①生产要素市场 - 研究
Ⅳ．①F014.3

中国版本图书馆 CIP 数据核字（2018）第 175835 号

责任编辑：李 雪 周胜婷
责任校对：靳玉环
责任印制：邱 天

要素错配与全要素生产率波动研究

刘 婕 著

经济科学出版社出版、发行 新华书店经销
社址：北京市海淀区阜成路甲 28 号 邮编：100142
总编部电话：010 - 88191217 发行部电话：010 - 88191522
网址：www. esp. com. cn
电子邮件：esp@ esp. com. cn
天猫网店：经济科学出版社旗舰店
网址：http：//jjkxcbs. tmall. com
固安华明印业有限公司印装
710×1000 16 开 13.5 印张 200000 字
2018 年 9 月第 1 版 2018 年 9 月第 1 次印刷
ISBN 978 - 7 - 5141 - 9589 - 7 定价：48.00 元
（图书出现印装问题，本社负责调换。电话：010 - 88191510）
（版权所有 侵权必究 举报电话：010 - 88191586
电子邮箱：dbts@ esp. com. cn）

前　言

　　改革开放以来，我国逐步实现了由计划经济向市场经济的重大转型。正是得益于体制的转变，中国经济取得了令世人瞩目的发展成就。但渐进式改革进程中一个严重凸显的不对称现象是要素市场的市场化改革步伐远远滞后于产品市场的市场化步伐，相比已经基本放开的产品市场，要素市场因受到行政干预而难以发挥市场调节及配置资源的功能，要素配置严重失调。而现阶段，中国经济步入发展的新常态，其鲜明的表现是增速由高速转为中高速，同时整体经济的波动幅度越发显著。故而从要素错配的视角审视进而破解我国经济长期增长动力不足、短期波动显著的困境具有重要的理论和现实意义。

　　要素错配的经济影响效应是近年来理论界的研究热点之一。已有较多文献证实，在不增加要素投入的情况下，仅通过优化要素的配置，就可以显著提高全要素生产率。但文献较多聚焦于要素优化配置对于全要素生产率（TFP）增长的作用，事实上，要素错配的普遍存在导致 TFP 更多呈现出波动的特征，然而，对于该问题的研究极为匮乏。因而，本书旨在从要素错配的视角来研究全要素生产率波动的过程。拟解决的问题阐述为：地区和行业层面是否均存在要素错配？要素错配的程度有多大？影响 TFP 波动的因素有哪些？要素错配程度恶化是否会加剧 TFP 的波动？传导机制是什么？如何消除错配以平抑经济波动呢？对此，本书的研究思路如下：首先分析并总结了地区和行业要素错配的特征事实；然后构建一个理论分析框架，系统阐释要素错配导致全要素生产率波动的作用机理；进而展开实证研究，包括测度要素错配程度并分析特定要素错配变化引致 TFP 的波动幅度，同时就要素错配对全要素生产率波动的影响机制从经验层面上给出严格检验；最后，从制度上系统剖析要素错配的成因及影响因素，有针对性地提出弱化并消除要素错配的政策建议。

本书的主要工作与创新之处可以归纳为以下几个方面：

（1）建立了要素错配与全要素生产率波动的理论分析框架。首先，在扭曲的多部门竞争均衡下，定义了要素错配系数，用以测度要素错配程度大小；其次，对全要素生产率波动进行结构分解，探究包括要素错配在内的不同因素的作用；最后，从初始制度安排到制度变迁系统剖析了我国要素错配的成因，并识别出政府换届为外部冲击，进而对地区和行业双重维度上外部冲击通过改变要素错配引致全要素生产率波动的传导机制进行理论分析。文献中多为要素错配导致全要素生产率损失的静态研究，缺乏要素错配影响全要素生产率波动的动态分析。本书的框架极大地丰富了既有文献，不但在数理模型中推演了整个传导机制，而且在理论方面有效地为解释经济波动的宏观问题提供了较强的微观基础。

（2）测算了代表性城市和工业二位码行业的要素错配程度及城市和行业内国有企业与非国有企业资本和劳动力要素的错配系数，进一步计算出影响全要素生产率波动的各分解项的贡献大小，结果显示相比企业技术进步和产出份额的变动，要素错配程度的变化对地区（行业）总体 TFP 波动起主导作用；相比劳动力要素，资本要素错配系数变化率的贡献更大。上述结论很好地弥补了国内现有文献中多为省级层面而缺乏城市层面要素错配的测度。另外，既有文献仅证实了所有制异质企业之间的要素错配造成产出损失，而本书的工作为判断特定要素在国有企业与非国有企业是配置不足还是配置过度，以及对比不同地区（行业）因要素错配引致 TFP 波动的高低，提供了经验证据。

（3）基于中国的社会体制现实，就城市层面要素错配与全要素生产率波动之间的内在影响机理进行实证检验。首先，利用 1998 ~ 2007 年中国工业企业数据，在城市层面统计了规模以上企业数量，并以企业产值为权重，对各变量进行加权回归分析；其次，结合现行政治制度，引入政府换届作为可能引起要素流动的外部冲击，实证得出要素错配恶化对全要素生产率的波动有放大作用。最后，为了消除内生性问题，采用 SYS - GMM 方法进行了再检验，从而确保结论的稳健性。此项工作不仅是国内率先使用动态面板模型估计城市要素错配对全要素生产率波动的作用机制，更是为研究外部冲击引起地区经济波动提供了新的传导路径，进而为制定差异化平抑波动的政策提供科学的理论依据。

（4）本书还从行业视角对以下两方面内容进行了实证检验：要素错配改变是外部冲击引起全要素生产率波动的传导机制；要素错配程度加剧放大了全要素生产率的波动幅度。结果发现，政府换届冲击和国际贸易冲击皆通过改变低价值链行业要素错配引起全要素生产率的波动。既有文献中多有提及低价值链行业易受外部冲击的影响导致经济波动，但以要素错配程度改变作为传导机制鲜有提及，本书的工作对已有文献是一个极为有益的补充。此外，本书结合我国国情，从制度变迁的角度系统剖析了要素市场错配的形成路径，有效填补了文献中对要素错配成因分析不够全面严谨的缺陷，为有针对性地制定弱化和消除要素错配的政策措施提供了理论支持。

刘　婕

2018 年 1 月 8 日

目录

1

绪　　论

1.1　选题背景与问题提出

改革开放以来，中国经历了前所未有的高速增长。根据 Penn World Table 8.0 的数据及 IMF 公布的购买力平价汇率，GDP 总量由 1978 年的 2164.4 亿美元增长到 9.18 万亿美元，人均 GDP 也由 220 美元上升到 6767 美元，从世界上收入最低的国家之一上升为第二大经体。在三十多年堪称奇迹的增长之后，我国经济近些年步入了调整期，其特点是经济增长速度有所放缓的同时经济波动幅度有所增加（龚刚，2009；陈昆亭等，2012）[1-2]。联合国发布的《世界经济形势与展望》中，我国 2012 年和 2013 年的实际 GDP 涨幅都只有 7.7%，2014 年进一步下降至 7.4%，经济增长势头的回落在相当程度上说明中国经济进入了新常态。从世界各国经济发展的历程来看，很多国家在这个阶段出现了发展停滞、失业率增加、社会矛盾凸显等问题

（Clarida，1991）[3]。为了预防潜在的风险，避免落入"中等收入陷阱"，就必须主动适应新常态。

如何实现经济的长期持续增长就成为现阶段我国学术研究及政策制定的共同目标。自索罗（Solow，1957）[4]通过计算全要素生产率（total factor productivity，TFP）解释经济增长以来，从各种生产因素的贡献率考察经济增长源泉成为宏观研究的热门领域。纵观西方发达国家的经济发展路径，在古典增长时期的原始积累阶段（约1760～1860年），亚当·斯密、大卫·李嘉图等认为劳动力是财富的来源，经济增长表现为"劳动驱动型"；工业增长的初级阶段（约1860～1910年），资本要素的投入替代劳动力成为经济的主要贡献因素，表现为以资本积累为基础的"资本驱动型"经济；进入工业化中期，科技创新不断加强，在《1995年世界发展报告》公布的数据中，科技水平对经济增长的贡献超过了资本和劳动，达到53%。生产效率的提高得益于先进的技术水平和管理体系，实现了由粗放型向科技创新主导的集约式发展方式转型（王宏淼，2006）[5]。对比中国经济的发展路径，李宾和曾志雄（2009）[6]通过测算1978～2009年间要素对经济增长的贡献，发现资本和劳动力的贡献率为80%，全要素生产率的贡献为20%，我国经济增长方式仍属于高度粗放型。随着老龄化的到来，人口红利逐渐消失以及要素的边际报酬递减规律，我国也应该从提升TFP的角度关注经济增长的质量。

刘明康和陈永伟（2016）[7]基于美国大型企业联合会的整体经济数据库（TED）就中国1990～2014年间TFP的历史变化趋势与美国、德国、英国、法国进行比较，非常突出的特点是中国TFP的波动幅度比其他四个国家剧烈得多。从20世纪90年代市场经济体制的确立开始，我国TFP快速增长，至1995年达到8.2%。然而，受宏观调控和亚洲金融危机的影响，TFP 的增长急速放缓，在 1998 年一度下降到 – 5.5%，这种趋势在进入 21 世纪后逐步扭转，2003 年 TFP 的增长率又重回 8.0%，但是，在 2007 年美国次贷危机后，TFP 跌至 0.7% 并且持续低迷到 2013 年（刘明康和陈永伟，2016）。对比西方发达国家，除了受 2007 年经济危机的影响，美、德、英、法四国的 TFP 增长率有明显下降的趋势以外，其他年份的波动较为平缓，大致分布在 – 0.2% ~ 0.2% 的范围内（刘明康和陈永伟，2016）。阿里亚斯、汉森、奥海涅（Arias，Hansen and Ohanian，2006）[8] 研究发现，TFP 的波动可以在很大程度上解释宏观经济的波动。同时，TFP 波动带来的不确定性也会影响企业的投资信心，进而抑制长期增长。因此，从抑制 TFP 的波动着手，对解决目前经济长期增长动力不足、短期波动明显的现状具有重要的现实意义。

那么，如何抑制 TFP 的波动呢？影响 TFP 的波动因素又有哪些？总体来说，既有文献将影响 TFP 波动的因素概括为两个方面：技术进步和要素配置状况。而目前我国由于创新激励机制不够健全，企业创新成本与风险较大，长期处于模仿国外先进技术并吸收消化再创新的阶段（林毅夫，2012）[9]，技术进步的步伐较为缓慢。相反，由于长期行政干预生产要素的配置，我国存在严重的要素错配，主要表现在产业间的要素错配与产业内的要素错配。其中，产业之间的要素配置通常随着技术变迁的发生而进行（Syrquin and Chenery，1989）[10]，而产业内部企业之间的资源配置主要取决于经济体的制度状况（Hsieh and Klenow，2009；Brandt et al.，2012）[11-12]。关于企业间要素错配与全要素生产率之间的关系现有文献多从降低要素错配有助于 TFP 增长的角度展开，但对于在要素错配状态下，全要素生产率波动的情况如何，国内外的文献却鲜有提及。那么，我国企业之间是否存在严

重的要素错配状况？如果有，要素错配的程度有多大？要素错配对
TFP 波动的影响有多大？传导机制是什么？如何降低和消除要素错配
从而平抑 TFP 的波动呢？显然，针对这一系列问题的研究与作答便
构成了本书的研究出发点和落脚点。

1.2　研究目的与研究意义

1.2.1　研 究 目 的

通过对研究背景的阐述以及对问题的分析，本书旨在从要素错配
视角研究全要素生产率的波动。具体地，从理论上剖析我国要素错配
的成因，并识别出能引起要素错配程度改变的外部冲击，进而探究在
要素错配的状态下，外部冲击如何通过引起要素的流动致使全要素生
产率波动的传导机制。以 1998～2007 年中国工业企业数据作为研究
样本，基于行业和地区两个维度详细测算要素错配程度及全要素生
产率波动幅度，并考证要素错配对全要素生产率波动的影响效应。

1.2.2　研 究 意 义

本书的研究具有重要的理论和现实意义。

理论层面上，构建了一个要素错配与全要素生产率波动的理论分
析框架。该理论框架不但从制度上分析了我国要素市场错配的形成逻
辑及全要素生产率波动的特点，而且通过将要素扭曲楔子引入多部门

一般均衡模型来分析要素错配对全要素生产率波动的作用机理。本书的研究从数理模型中演绎整个传导机制，而且为解释经济波动的宏观问题提供较强的微观理论基础。

现实层面上，一是为深化要素市场改革并释放经济增长新动力提供一定的借鉴。当前，相比较产品市场，我国的生产要素市场发育滞后，市场机制还不能充分发挥作用。在劳动力市场上，计划经济时期所施行的户籍制度、城乡二元"身份"分割所引发的一系列制度性扭曲，使得劳动者的就业选择、工资收入、教育培训、社会福利以及公共资源享用等很大程度上由户籍所在地、工作单位属性等来决定，劳动力价格双轨及市场分割阻碍了劳动力在城乡、行业及地区间自由流动，从而形成了严重的劳动力错配，比如"民工潮"和"民工荒"的同时存在。在资本市场上，国有与非国有企业在享受国家的扶植保护政策、社会资源的占有以及融资获取难度上均有不同，资本融资成本在不同所有制部门之间的差异阻碍了要素向生产率高的部门的流动，因此资本的边际生产率存在较大差异，资本要素的错配较为严重，体现为国有企业产能过剩和非国有企业融资困难并存的现状。行政干预带来的一系列制度扭曲，使市场信息失真，竞争机制无法起作用，由此制约市场内在活动的释放。现阶段，在经济下行压力下，研究要素市场改革，充分发挥市场在要素配置过程的决定性作用，从而倒逼政治体制改革、社会体制改革，为推动经济更有效率、更加公平、更可持续发展有积极的意义，也为供给侧改革的具体措施提供思路。

二是为深化要素市场改革并平抑经济波动提供理论支持。新中国成立初期，中央政府从第一个"五年计划"开始推动重工业优先发展的赶超战略，大量的优惠政策向东北地区、特别是重工业行业倾

斜，低于边际成本的要素价格带来了经济的增长，与此同时也引起了
经济波动；1978 年以来的改革开放政策在促进东部沿海地区快速发
展的同时对全国起到领头羊的作用，高要素回报率吸引了大量优势资
源，经济增长迅猛；随后，平衡发展战略部署施行西部大开发，政府
通过行政干预，加大对中西部地区的基础设施建设并鼓励人才的流
动。政策主导的发展模式，伴随着严重的要素扭曲与错配。资源不能
按照市场规律进行配置，势必在部门间存在要素流动摩擦，那么要素
流动的方向不全是由低生产率部门到高生产率部门，便会出现 TFP
的波动，TFP 的波动对宏观经济波动具有很强的解释力。因此，研究
要素市场改革有助于平抑宏观经济波动，为当前"稳增长"的宏观
调控目标提供理论依据。

1.3 要素错配的概念界定

1.3.1 要素和资源的界定

从经济学的角度来研究资源，有广义和狭义之分。狭义的资源是
指自然资源，而广义的资源除了包含自然资源，还包括社会资源，可
以作为投入要素进入生产后创造出价值的资本、劳动力、土地、技
能、知识、文化、制度等实物性生产要素和抽象性生产要素之和。要
素配置就是将有限的生产要素配置到各个经济参与主体上，使经济得
到帕累托改进。本书所研究的就是资源的广义概念，因此在下文当
中，不再对资源和要素进行区分。

1.3.2 要素错配与要素扭曲的界定

要素扭曲（distortion）根据施托尔珀和萨米尔森（Stolper and Samuelson，1941）[13]、阿特金森（Atkinson et al.，1976）[14]的研究定义要素扭曲，即要素的边际收益不等于边际产品价格。造成要素配置扭曲的根本原因是要素在不同部门的价格有差异，而造成价格差异的原因可能是两方面：一是市场本身的自发性和不完全性；二是政府的制度和政策工具的干预（Bhagwati，1964）[15]。要素错配（misallocation），根据谢长泰和可莱诺（Hsieh and Klenow，2009）[11]的研究，指资源在各生产单元（企业）之间不能按照等边际收益的原则进行配置。理论上，在完全竞争市场中，要素可以自由流动，高生产率企业对低生产率企业造成挤出效应，故所有生产单元的要素边际生产率应该相等。相反，若要素流动存在摩擦，地区（行业）内不同企业的要素边际生产率则存在差异。对于个体企业而言，班纳吉和摩尔（Banerjee and Moll，2010）[16]指出资源的边际生产率越高意味着企业受到较多的资源约束，企业所面临的要素错配的程度越高。在经济学中，"资源错配"一般是相对资源的"有效配置"而言，"有效配置"是指从社会角度出发，保证有限稀缺资源获得最大产出的配置效率，而"错配"则是对这个最优配置状态的偏离。

关于要素扭曲和要素错配的区别，一是根据定义，要素扭曲强调边际收益相对于市场出清状态价格的偏离，是针对单个生产单元。而要素错配是不同生产单元之间边际生产率的比较。前者只有在市场完全竞争的情况下，才可测得绝对的扭曲程度；后者通过计算同类企业之间要素边际生产率差异即可测得相对错配程度。二是研究框架不同，要素扭曲主要针对微观企业；要素错配理论则构建一套从微观企业到最终宏观经济影响效应的系统理论分析框架。

1.3.3 全要素生产率的波动

为了更好地理解全要素生产率的波动，首先从全要素生产率的概念进行辨析。生产率表征的是给定一组要素投入能够获得的产出效率。在只有一种投入要素和产出的情形下，数学形式上表示为投入—产出比。单一要素生产率不足以表示整个经济单元（企业、行业等）的生产效率，因此需要测度所有能够观测到的要素投入组合得到的产出，于是便有了全要素生产率。全要素生产率也称多要素生产率。在《新帕尔格雷夫经济学大辞典》中将全要素生产率的衡量定义为：以一定数学形式的生产函数为出发点，通过它把各种投入合在一起，以得到全要素投入的一个测度以及对各要素投入的贡献如何加权的某些规则（Fabricant，1959；Kendrick，1961）[17-18]。换句话说，全要素生产率的增长率等于产出增长率与各个被计算的投入要素增长率加权和之差，表示一个"余值"，包括不能直接观察到的所有因素带来的增长。因此，投入要素的识别与度量（郑玉歆，1999）[19]、生产函数形式的假定以及要素产出弹性的估计都会对 TFP 增长率的估计产生很大的影响。在此基础上，本书研究全要素生产率增长率的波动，对其的定义参考 GDP 的波动，即表示增长率中滤掉长期增长趋势项后的周期波动部分（张自然，2013）[96]，在统计学上，地区（行业）全要素生产率增长率的波动采用企业之间的全要素生产率的增长率去除趋势项后的波动项的离散度来测算（杨光等，2015）[253]。本书统一使用全要素生产率波动进行表述。

1.4　研究思路及研究方法

1.4.1　研究思路

本书研究思路按照以下步骤逐步形成。第一，确定要研究的问题以及研究的出发点。本书旨在从要素错配的视角研究全要素生产率波动的传导机制，之所以选择这个问题，主要在于现阶段我国经济处于下行压力大、短期波动明显的新常态，要实现"稳增长"的战略目标，就要从促进增长和抑制波动两个方面寻求有效路径。供给侧改革的政策号角把本书的思路领到了供给层面的全要素生产率上。一方面，经济发展模式由粗放型向集约型转变的过程中，注重经济增长的质量，也就是探寻影响 TFP 提高的因素，结合中国技术水平投入成本大、见效周期长，产权保护制度不完善等现状，通过打破制度的藩篱，提高要素的配置效率是促进经济增长有效的途径。另一方面，根据文献中得出 TFP 的波动对经济波动有很强的解释作用的结论，我们可以通过研究全要素生产率波动以期解决宏观经济波动的问题。全要素生产率剧烈波动，致使企业投资决策时产生审慎观望的态度，更加倾向于收紧投资规模或者延沢扩张，这对长期经济增长造成抑制效应。因而，探究影响全要素生产率波动的因素，达到平抑其波动的目的，对经济增长和经济波动有重要意义。第二，确定本书的研究思路。首先，围绕研究的问题，对相关文献进行梳理，我们发现要素错配是影响 TFP 的核心因素，但既有文献多为研究要素错配对

TFP 损失的静态作用，却较少讨论要素错配与 TFP 波动之间的关系。所以，要以要素错配对全要素生产率的波动有影响作为全书的主线展开研究，就先得基于简单的事实分析进行检验，确保二者之间确实存在相关关系，否则本书的研究将失去了应有的价值。特征事实包括全要素生产率的波动趋势分析，要素错配与生产率波动之间的相关性检验，在确定二者有相关性后，接下来，建立理论框架来分析要素错配通过何种渠道引起全要素生产率的波动。本书拟从要素错配的初始状态开始，研究外部冲击如何对要素在部门之间的流动产生作用。我们期待要素从生产率较低的部门流向高生产率部门，总体生产率提高，产出增加，但由于要素流动摩擦的存在，受到外部冲击的影响后，不同企业面临的要素流动方向不确定，或促进或抑制就会带来 TFP 的波动，且要素错配程度越大，受资源约束型企业与资源充裕型企业之间的生产率的差异越大，当发生外部冲击时，引起要素的重置规模越大，TFP 波动的幅度就越剧烈。这是一个从微观到宏观、从静态到动态的理论分析框架并提出有待检验的理论假设。第三，从行业和地区两个维度进行实证检验，通过收集并整理工业企业数据，对理论模型中提到的传导机制进行验证。第四，根据本书研究的主要结论提出具体的政策建议并完成开始提出的问题。

1.4.2 研究方法

第一，规范分析和实证分析相结合。首先采用规范分析方法得出，与其他发达国家相比，我国全要素生产率的波动较为突出，结合我国政府长期干预要素配置的特点，进而提出本书的研究主题。然后，在对已有文献进行梳理与评述的基础上，得出要素错配是影响全要素生产率的核心因素，由此构建出包含要素错配税收楔子的多部门一般均衡梳理模型，也奠定了本书的理论基础。进而，采用了表、图、趋势线等统计方法，描述了地区与行业层面要素错配的典型事实与全要素生产率的波动特征。紧接着，运用实证分析法分别从地区和行业两个视角对要素错配影响全要素生产率波动的传导机制进行验证，本书实证分析中用到的计量方法有：面板数据的最小二乘估计、固定效应模型、系统 GMM 模型，采用单位根检验、稳健性检验和内生性检验。主要集中在第 4 章的特征事实描述和第 5、第 6 章的实证分析。

第二，宏观问题和微观分析相佐证。从选题上看，本书是对经济增长和波动等宏观经济问题的研究，但不同于传统的经济增长模型，我们以微观视角（工业企业数据）、中观层面（地区、行业要素错配）与宏观问题（经济增长与波动）相结合的分析方式，基于地区和行业两个层面测算企业间的要素错配程度和全要素生产率的波动幅度，进而对要素错配影响全要素生产率波动传到机制进行验证。因此，本书从大处着眼、小处着手，采用微观与宏观问题相结合的方法。

第三，理论分析和政策讨论相统一。本书研究的出发点是对于中国长期增长动力不足、短期波动较为明显的实际问题的关注，因此在对相关理论问题进行考察的同时，本书十分重视相应政策的探讨。第3 章从我国的制度变迁和体制转轨为脉络系统分析了要素错配的形成根源，为有针对性地提出降低并消除要素错配以平抑全要素生产率波动的政策建议提供理论依据。

1.5 研究内容与框架

在内容安排上，本文共分为 7 章，具体研究内容包括以下方面：

第 1 章绪论，主要介绍选题背景和意义，研究目标、思路与方法以及研究内容和框架的安排。

第 2 章文献综述，对理论界要素错配与全要素生产率波动的相关研究进行了较为系统的梳理。第 2.1 节详细地总结了要素错配的相关文献，包括要素错配的原因、测算方法（OP 协方差法、参数法—指标相比、系数构建法、替代法—指标替换），以及基于内生增长角度、国际贸易角度、产业结构角度和企业选择进出决策理论视角全面分析了要素错配的影响效应等。第 2.2 节梳理了全要素生产率及其波动的相关文献。首先，不少经济学者通过分析我国 TFP增长率的波动趋势得出波动幅度较为剧烈的现象；其次，对既有文献中应用较多的测度 TFP 的方法进行归纳概括；再其次，从影响经济增长和经济波动角度，总结了 TFP 波动的经济效应；最后，对TFP 波动的因素分解为技术进步、规模效率和要素配置效率及其各子项的影响因素。第 2.3 节分别从劳动力要素流动摩擦的视角和信贷摩擦影响宏观经济波动的传导机制中探寻可以引起 TFP 波动的因素和冲击。

第 3 章构建了要素错配与全要素生产率波动的理论分析框架，力图揭示要素错配对 TFP 波动的影响机制。首先，基于要素错配的事实，将经济体中的企业分为资源约束型企业和资源充裕型企业，通过建立基准模型，发现要素从资源充裕型企业流动到受资源约束型企业，总体 TFP 向上波动；要素从资源约束型企业流动到资源充裕型企业，总体 TFP 向下波动。其次，在塞奎因（Synquin，1986）[20] 全要素生产率的结构分解式中引入影响要素配置的流动摩擦的税收楔子，进一步推导出要素错配程度变动对 TFP 波动的贡献。再其次，结合谢长泰和可莱诺（2009）[11] 的研究给出了测度要素错配程度的数理推导，通过计算其数值便可以测度要素的错配程度，并能够进一步分析其变化趋势。最后，基于劳动力的二元市场理论和资本的调整成本理论，分析了我国要素错配存在的事实以及成因，从中识别出能够引起要素错配程度改变的外部冲击为政府换届。进而从理论层面上剖析地区和行业双重维度上要素错配与全要素生产率波动之间的内在影响机理和传导机制，以及在要素错配的状态下，探明外部冲击如何通过引起要素的流动，致使经济运行偏离新古典经济学构造的最优状态，造成全要素生产率在均衡点附近波动的作用机制且要素错配程度越大的地区（行业）全要素生产率的波动愈加剧烈。本文的研究为找到平抑全要素生产率波动的有效路径提供了理论依据。

第 4 章是要素错配的典型事实与全要素生产率波动的特征描述。第 4.1 节，通过比较华东、东北、西北三个地区垄断行业与竞争行业的要素生产率与要素投入增长率的变动方向，能够发现要素流动并非沿着效率最优化、产出最大化的路径，相反，部分地区的行业存在要素逆边际产出变化而流动的情况，这一特征事实初步揭示出我国不同地区和不同行业普遍存在要素错配的现象。进一步根据理论框架中关于要素错配程度的核算模型，分别统计出我国具有代表性的 33 个大中型城市和 39 个二位码工业行业中规模以上企业的数量并计算出各城市与行业的要素错配程度，结果表明，各地区各行业的资本和劳动力要素错配状况表现出显著的异质性，这种异质性不仅体现在要素错配程度大小而且体现在变化趋势上。地区的要素错配程度与城市的市场化水平、要素禀赋结构以及政府政策等紧密相关，西部地区国有企业的资本和劳动力要素错配程度远高于东部地区。行业的要素错配程度与行业属性紧密相关，带有国有垄断性质的行业的要素错配程度明显高于市场化程度相对较高的行业。第4.2节，对全国实际GDP与全要素生产率的变动趋势进行对比描述，同时为了对我国TFP的发展水平及波动幅度有一个清晰的认识和判断，分别从地区和行业两个维度考察全要素生产率的波动特点。结果发现，全要素生产率的波动趋势与GDP的变动趋势具有协同性，因而本书研究TFP的波动对理解宏观经济的波动有重要作用。分地区的研究可以将经济发展概括为三个阶段：新中国成立初期优先发展东北重工业地区，改革开放后优先发展东部沿海地区以及1997年以来的西部大开发，三个地区的全要素生产率的波动在不同的发展阶段呈现出政策驱动特征。对工业行业全要素生产率的描述，我们发现垄断行业TFP的波动远高于竞争行业。在第4.2节的最后，我们进一步对部分城市和行业的TFP的波动进行了结构分解，结果显示相比企业TFP的变动和产出份额变化率，要素错配程度的变化率对地区（行业）总体全要素生产率波动的贡献更大；相比劳动力要素，资本要素的错配系数的变化率的贡献更显著。第4.3节，分别从城市和行业两个维度，就要素错配程度与TFP波动的相关性使用最小二乘法初步进行回归，发现地区（行业）错配程度越高，TFP的波动越剧烈，且通过了1%显著性水平上的检验。

　　第5章在理论分析的基础上，基于地区视角从实证的角度考证了要素错配对全要素生产率波动的影响机制。首先，对本书测算出的要素错配程度经过变换，得到新的数据序列，同时采集 1998～2007 年工业企业数据库中的其他相关指标数据建立了以地级市为单位的面板数据作为研究样本，并对其进行了描述性统计分析。其次，基于固定效应模型和混合效应模型，对地级市层面要素错配程度是政府换届冲击影响 TFP 波动的传导机制，以及要素错配程度影响 TFP 波动两大假说进行了实证检验。进而，通过将 33 个大中型城市划分为东部、东北、中西部三个子样本，以此来检验所得结论的稳定性。同时，加入了可能影响城市 TFP 波动的其他控制变量包括人力资本、外资、所有制结构、市委书记的工作年限和受教育程度等控制变量，模型的结果保持稳健。最后，本章采用系统 GMM 方法进行了再检验，所得结果仍然保持一致。本章的工作对于可通过降低城市层面要素错配程度平抑 TFP 的波动提供了重要的经验证据。

第 6 章在第 3 章理论分析基础上，从行业视角实证分析了要素错配对全要素生产率波动的作用影响。首先，基于 1998～2007 年工业企业数据，以我国 39 个二位码工业行业为研究样本，构建出要素错配程度与其他相关指标，并对其进行了描述性统计分析。其次，基于固定效应模型和混合效应模型，对理论分析部分提出的关于行业层面的两大假说进行了实证检验。进而，通过将全行业划分为垄断行业与竞争行业、高价值链行业与低价值链行业四个子样本，进行比较分析。在稳健性检验中，引入国际贸易替代政府换届作为外部冲击，结果表明国际贸易冲击通过低价值链行业的要素重置而不是高价值链行业来造成经济波动。同时，加入了可能影响行业 TFP 波动的其他控制变量包括行业的沉没成本、人力资本、外资、所有制结构、产品差异化程度等，模型的结果保持稳健。最后，为了克服模型中可能存在的内生性问题,本章采用系统 GMM 方法进行了再检验,所得结果仍然保持一致。本章的工作证明了第 3 章理论分析是正确的。

第 7 章是本书的结论和政策启示。本章首先针对全书的理论研究和实证分析归纳了研究的主要结论和观点。其次,针对经济波动和要素错配的典型事实,从行业和地级市两个角度提出了本书认为可行的几个粗浅建议,并提出可能的创新之处。最后,针对理论研究方面的局限性,提出了本书研究的不足之处和进一步的研究展望。

本书在结构安排上也基本遵循主流经济学的规范做法。从结构上看,本研究可以分为六个层次,如图 1-1 所示。第一个层次是研究背景并提出问题以及本书的研究意义;第二个层次是梳理相关文献并找到研究的切入点;第三个层次是理论分析范畴,通过文献佐证和经验分析构建一个要素错配与全要素生产率波动的分析框架,形成有待检验的理论假说;第四个层次是典型事实描述,将地区和行业层面全要素生产率的波动与要素错配程度及二者之间的相关关系通过统计数据、表、图的形式表示出来;第五个层次是相关经验研究,分为两章,分别从城市和行业的角度对外部冲击通过改变要素错配程度进而引起全要素生产率波动的传导机制进行实证,并对检验结果进行稳健性检验和内生性处理。第六个层次是结论,从理论和实证总结出本书的研究结果并由此提出政策建议、本书的创新之处及不足,最后提出未来的研究方向。

```
┌──────────────┐        ┌──────────────┐
│  问题的提出   │───────▶│  绪论（第1章） │
└──────────────┘        └──────────────┘
        │                       │
        ▼                       ▼
┌──────────────┐        ┌──────────────────┐
│  研究切入点   │───────▶│ 文献梳理与述评（第2章）│
└──────────────┘        └──────────────────┘
        │                       │
        ▼                       ▼
┌──────────────────┐   ┌──────────────────────┐
│ 基于特征事实的基本判断 │──▶│ 要素错配对全要素生产率  │
└──────────────────┘   │ 波动影响作用的理论分析   │
        │              │     （第3章）          │
        ▼              └──────────────────────┘
┌──────────────┐               │
│   理论分析    │───────────────▶▼
└──────────────┘   ┌──────────────────────┐
        │          │ 要素错配的典型事实及全  │
        │          │ 要素生产率的波动特征    │
        │          │     （第4章）          │
        │          └──────────────────────┘
        ▼                       │
┌──────────────┐               ▼
│   经验研究    │──▶┌─────────┐ ┌─────────┐
└──────────────┘   │基于地区  │ │基于行业  │
        │          │视角：要  │ │视角：要  │
        │          │素错配影  │ │素错配影  │
        │          │响TFP波   │ │响TFP波   │
        │          │动的实证  │ │动的实证  │
        │          │分析      │ │分析      │
        │          │（第5章） │ │（第6章） │
        ▼          └─────────┘ └─────────┘
┌──────────────┐               │
│   结束语      │───────────────▶▼
└──────────────┘   ┌──────────────────────┐
                   │ 研究结论与政策建议      │
                   │     （第7章）          │
                   └──────────────────────┘
```

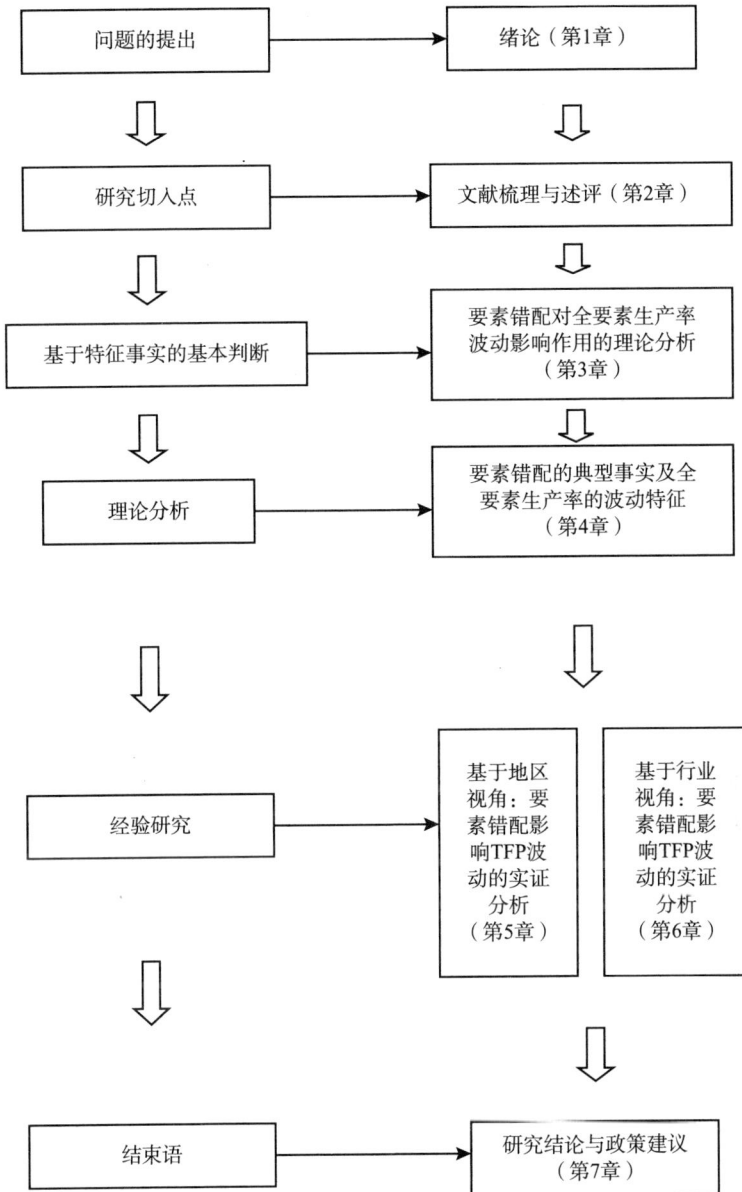

图 1-1　本书研究框架

2

文　献　综　述

　　要素错配已经成为近些年国内外经济领域的热点研究问题之一，基于要素错配的视角对产业结构变迁、收入差距的扩大、经济增长等进行分析也为众多学者所关注。本书旨在探索要素错配对全要素生产率波动的影响。在开始具体的工作之前，本章将按照要素错配的相关研究、全要素生产率及其波动的相关研究、要素错配对全要素生产率波动的影响三个部分对理论界既有文献进行系统的回归与梳理，以便为后文的研究工作提供研究基础和逻辑起点。

2.1　要素错配相关研究

　　古典经济学及早期新古典经济学均假设市场是完全竞争的，因此市场自动出清，生产要素的边际贡献率等于市场均衡价格，实现要素的有效配置。20 世纪初，随着西方资本主义国家中垄断现象的出现，完全竞争理论对当时工人失业、生产性过剩等问题都无法解释，于是张伯伦和罗宾斯夫人等经济学家提出了不完全竞争理论，随后，众多的经济学家也放弃了市场完全竞争的基本假设，考虑制度等因素引起的要素错配，进而考察对经济发展造成的影响。

2.1.1 要素错配的原因

中国经济社会经历了由计划经济向市场经济渐进式转轨的发展路径，在转型开始较长的一段时间里，各类市场主体较弱、法律法规制度不健全，政府成为经济发展中决定性的参与者，直接干预要素配置，造成了严重的要素错配。本节将结合我国国情，从初始制度安排到制度变迁概述要素市场错配的形成路径，对核心的几类要素市场错配的原因进行梳理。

2.1.1.1 劳动力市场

1978 年以前，我国的户籍制度严格限制了劳动力在城乡和地区之间的流动，形成了劳动力要素市场分割。改革开放后，户籍制度开始松动，劳动力流动限制不断减少，大大促进了农村劳动力向城市涌入，自 2002 年起，部分地区出台取消"农业户口"，相继又建立了户口登记地与实际居住地统一的户籍管理制度，在一定程度上加快了部分地域上劳动力的流动，但制约劳动力的户籍制度并未完全消除，北京、上海等地方性政策限制迁徙者在教育、医疗和住房等社会保障上获得平等的福利待遇，无形中造成了劳动力流动的摩擦，劳动力不能完全按照市场进行配置。郭丛斌（2004）[21]验证了我国存在劳动力市场分割扭曲，许经勇（2007）[22]认为目前我国劳动力市场分割还包括垄断行业与非垄断行业之间的劳动力流动摩擦。

2.1.1.2 资本市场

资本要素市场的初始制度安排是新中国成立初期,为了实现赶超西方,政府选择了优先发展重工业的经济战略,并且配套制定了一系列要素扭曲的制度安排,对国家的资源进行集中管理和计划配置,通过人为压低资本等要素的价格,降低重工业发展的投入成本(林毅夫,2004)[23]。重工业的特点是资本密集度高、投资规模大、建设周期长,因此对资本的需求量大、周转率低,于是政府长期维持资本的低利率以保证重工业的快速发展。为了使资金不流入银行以外的其他融资渠道,形成了以中国人民银行为中心的、高度集中的金融体系,银行是唯一的融资渠道(王必锋,2013)[24]。另外,我国实行低汇率政策和外汇管制,以廉价出口农产品积累资本换回技术设备的进口。从改革开放以后的渐进式改革开始,初步建立了社会主义市场经济体制,逐步纠正产品市场和要素市场严重扭曲的状态,但不同类型市场、不同地区和不同行业由于修正制度安排的不一致,市场发育也处于不同的阶段。1978~1983年,我国先后在深圳等沿海地区设立经济特区,优先发展"三资企业",企业拥有可自主支配的利润,从而提高企业生产的积极性,物资管理体制逐渐放开,但金融体制改革的进程较为缓慢。当前,利率市场化改革取得了一定的进展,但央行对存款利率的管制仍然比较严格,对外汇管理和汇率体制的改革也较为保守(朱喜,2011)[25]。

2.1.1.3 能源等其他要素市场

重工业的发展也离不开原材料和能源等中间投入品,为了保证重工业的发展,中间投入品的价格也被压低。1953年国家计划委员会的成立标志着我国重要物资由全国统一分配制度的建立,为实施重要中间品低价战略提供了保障。建立农产品统购统销制度,大幅压低农

业资源价格，形成了工农业产品"剪刀差"。随着社会主义市场经济
体制的建立和发展，直到十四届三中全会上，土地价格和能源价格等
才放开。国家计委从 1998 年 6 月起调整了原油和成品油的定价机制，
逐步调整与国际市场接轨。

我国的要素市场错配具有路径依赖的特征，随着政策的调整，要
素错配的程度也不断在修正，但渐进式改革过程中形成的新制度，最
终导致我国要素市场的发展缓慢。现行的财政分权财税体制和行政集
权的晋升机制"锁定"了目前要素市场的局面。陈东琪（2002）[26]
发现财政分权一方面造成地方政府对企业的过度干预，另一方面加剧
了地区间的市场分割。郑毓盛、李崇高（2003）[27]也得出地方分权
是地方市场分割的原因，地方市场分割又导致了严重的要素错配问
题。周黎安（2004，2007）[28-29]认为中国地方官员在"晋升锦标赛"
的激励下，有动力也有"能力"（拥有资源的控制权和定价权）通过
加大要素的扭曲程度招商引资促进本地经济发展。

对要素错配原因的研究方法，佛斯特、霍尔蒂万格和克里桑（Fos-
ter, Haltiwanger and Krizan, 1998）[30]以及琼斯（Jones, 2011b）[31]等
归纳为直接法和间接法。直接法即找到影响错配的因素，并衡量出该
因素的影响效应，进一步测算对 TFP 造成的损失。国外代表文献有
霍普海恩和罗杰森（Hopenhayn and Rogerson, 1993）[32]发现解聘税
引致劳动的错配，造成 TFP 损失 5%。吉纳（Guner et al., 2008）[33]
认为限定企业规模的政策也是造成资源错配的传导途径，并计算出
政策限制企业规模缩小 20%，产出将会下降 8%。班纳吉和迪弗洛
（Banerjee and Duflo, 2003）[34]通过微观数据得出资本市场的不完全
是造成国家之间生产率差异的主要原因。直接法对于容易观察到的单
一或几个影响要素错配的因素，可以测量出其对 TFP 损失的解释程

度；但往往造成错配的因素是多种复杂的、不易区分观测的，这时我们使用间接法，将所有影响错配的因素看成一个整体，测算出其对效率的损失。雷斯图恰和罗杰森（Restuccia and Rogerson，2008）[35]通过计算消除错配后全要素生产率提高的程度来表示要素错配造成的TFP损失。而引起要素重新配置的原因，宋全启（1991）[36]总结为三类：第一，部门（区域）的非均衡发展，优势资源流向高生产率部门；第二，政府政策（税收或补贴）的倾向也是资源流动的风向标；第三，技术进步在发生前作为一种信号引致资源的流动。

2.1.2 要素错配的测度

在上一小节中，我们归纳了要素错配产生的原因，下一步就将关心要素错配程度的大小，本节将对文献中关于要素错配的测度方法加以梳理。

总体而言，一类方法通过直接法测算要素价格的扭曲程度，另一类方法是通过间接法测度所有潜在因素造成要素配置与有效配置状态间的偏离值。具体来看，直接法是指当要素市场处在扭曲状态时，生产要素的价格不能准确反映资源的相对丰裕程度，表现为要素实际价格对其边际产出（影子价格）的偏离。刘遵义和尤塔帕洛斯（Lau and Yotopoulos，1971）[37]、阿特金森和哈尔沃森（Atkinson and Halvorsen，1980）[38]称此为要素绝对扭曲，同一部门不同生产要素的绝对扭曲程度之比即为要素的相对扭曲。盛仕斌和徐海（1999）[39]使用 C - D 函数，基于 1995 年工业企业数据库，分别计算出资本和劳动的要素绝对扭曲程度和两者的相对扭曲程度，研究发现劳动力的扭曲程度大于资本，相对扭曲程度为 0.25 ~ 0.83；史晋川和赵自芳

(2007)[40]采用超越对数生产函数，使用 2001~2003 年工业企业数据库，得出资本要素的最大扭曲程度是劳动要素扭曲程度的 4 倍；朱翔（2010）[41]使用 C - D 函数，通过整理 2002~2008 年浙江 26 个行业工业企业数据同样得出资本要素错配度高于劳动要素的结论；王希（2012）[42]、陈晓华和刘慧（2014）[43]还进一步将能源要素加入生产函数，测算了包括能源要素在内的投入要素的价格扭曲程度。

直接法主要针对单一要素，但是在一些情况下，企业通过与政府谈判获得低贷款率、税收减免、补贴、政府采购合同等优惠待遇，甚至与寻租相关的因素等都是不能直接度量或是很难区分出可度量与不可度量的因素之间的重要关系，就只能使用间接法了。间接法不考虑单一因素，而是将可能有影响的多个因素看作一个黑匣子，现有文献的研究方法大多并不直接测度各种要素的错配程度，而是间接测度错配造成的效率损失和产出缺口，即研究所有潜在因素对生产率影响的总效应。具体的方法概括为以下四种：

2.1.2.1 OP 协方差法

OP 协方差是度量资源配置扭曲程度一个常见工具，由奥利和帕克斯（Olley and Pakes，1996）[44]提出，具体见式（2-1）：

$$\Phi_t = \sum_{i=1}^{n} \eta_{i,t} \Phi_{i,t} = \overline{\Phi}_t + \sum_{i=1}^{n} (\eta_{i,t} - \overline{\eta}_t)(\Phi_{i,t} - \overline{\Phi}_t) \quad (2-1)$$

其中，Φ_t 为地区（行业）整体 TFP，$\eta_{i,t}$ 为企业 i 的市场规模，$\Phi_{i,t}$ 为企业 i 的 TFP，等式右边两项分别代表（地区）行业内所有企业的平均生产率和企业所占的份额与生产率水平的协方差，反映了企业占有要素与企业生产率之间的相关性，衡量要素有效配置和随机配置之间的差距。如果经济体内要素流动能力强、要素配置效率高，那么生产率水平高于行业平均生产率的企业将会获得更多资源，因而市场份额就越高,相反,低生产率企业市场份额就会较低,故用 OP 协方差大小来表示资源错配程度。贝特斯曼、霍尔蒂万格和斯卡尔佩塔(Bartel-sman, Haltiwanger and Scarpetta, 2009)[45]利用奥利和帕克斯(1996)[44]分解方程测算了各国制造业的 OP 协方差,得出的结果是发展中国家与发达国家相比,OP 协方差较低,要素错配程度较大;聂辉华和贾瑞雪(2011)[46]运用中国 1998~2007 年工业企业数据库,计算了三位码制造业的 OP 协方差,研究发现中国制造业行业的 OP 协方差仅为 -0.005,说明要素随机分配与最优分配之间差距很大,要素错配程度高。

2.1.2.2 参数法——指标相比

谢长泰和可莱诺(2009)[11]最先提出用税收楔子表征资本和劳动力要素流动摩擦进而造成效率损失的分析框架,这种测度方法要求事先设定生产函数的具体形式,再选择一个基准对假定的生产函数中的相关参数予以校准,然后结合实际要素投入数量、产出水平计算出实际生产率和消除错配后的有效生产率,二者之比,即可测算出要素错配对生产率造成的损失。如果不存在要素价格楔子,在最优配置效率状态下,静态的经济系统中企业间的要素边际产出在截面上应该是相等的,否则就需要通过纠正"资源错配"来提升总产出。谢长泰和可莱诺(2009)[11]使用生产率收益(revenue productivity, TFPR)的离散度来加以衡量,发现中国和印度制造业中 90/10 分位企业的生产率收益之比为 5∶1,美国仅为 3∶1,表明中国和印度的制造业要素错配程度高于美国。基于他们的模型,也有学者采用单一要素回报率的离散度法测算错配程度,白重恩、谢长泰和钱颖一(Bai, Hsieh and Qian, 2006)[47]、张晓波和陈光炎(Zhang and Tan, 2007)[48]分别构造了资本和劳动边际回报率的离差,测算单一要素回报在东、中、西部和在三次产业间的离散度差异。德布雷和魏尚进（Debray and Wei，2004）[49]通过对 1952~2001 年中国 28 个省份之间的资本流动程度进行研究，发现省际资本流动非常低，地区内不同企业之间的资本回报率的离散程度较大，不同地区的错配程度差异较大。

2.1.2.3　系数构建法

青木（Aoki，2008）[50]在沙里河等人（Chari et al.，2002；2007）[51-52]的基础上，将税收楔子引入多部门竞争均衡模型，求出一阶最优条件，推导并定义了要素错配系数：

$$\gamma_{Ki} = \frac{K_i/K}{s_i\alpha_i/\alpha} \quad \gamma_{Li} = \frac{L_i/L}{s_i\beta_i/\beta} \quad\quad (2-2)$$

式中，s_i 是部门 i 的份额，α_i 表示部门 i 资本产出弹性，α 表示整体资本产出弹性，$s_i\alpha_i/\alpha$ 代表部门 i 的资本在有效配置状态下的份额；K_i 表示部门 i 资本量，K 表示整体资本量，K_i/K 表示部门 i 的资本份额。二者之比 γ_{Ki} 定义为资本要素的错配系数，如果 $\gamma_{Ki} > 1$，说明资本过度配置，$\gamma_{Ki} < 1$，说明资本配置不足。$\gamma_{Ki} = 0$，表示不存在资本要素的配置是有效率的。同样可以使用 γ_{Li} 表示部门 i 的劳动力要素错配系数。使用系数构建法测度错配程度的文献有，董直庆等（2014）[53]通过构建劳动力错配系数测度错配，结果表明我国不同行业之间的劳动力错配程度差异较大，其中农业的劳动力错配最严重，从 1983~2010 年增长了 3.46 倍。王林辉和袁礼（2014）[54]、姚毓春等（2014）[55]、韩国珍和李国璋（2015）[56]的研究中都用了系数构建法测算要素的错配。通过使用资本错配系数测量我国的各个行业，发现工业、金融业和房地产业的资本错配程度较低，批发零售业和建筑业存在资本的配置不足，其他服务业的资本配置过度（王林辉和袁礼，2014）[54]。

2.1.2.4　替代法——指标替换

上面归纳测算要素错配的三种方法在目前的文献中应用最为广

泛，除此以外，也有一些文献中使用具有相同性质及含义的变量来替代要素错配。周喆等（2012）[57]考虑到要素错配的主要来源是要素在不同部门之间的流动摩擦造成的，因此采用外来农村劳动力占当地城镇从业人员比例来反映劳动力的流动性，樊纲等（2010）[58]使用这一指标来衡量劳动力的市场化程度。张杰等（2011）[59]采用樊纲等（2010）[58]《中国市场化进程指数报告》中的各省级地区产品市场、要素市场与总体市场的市场化进程指数来计算要素市场扭曲的测度指标：（各省级地区产品市场市场化进程程度指数－要素市场市场化进程程度指数）/产品市场市场化进程程度指数；（各省级地区产品市场市场化进程程度指数－要素市场市场化进程程度指数）/总体市场化的市场化进程指数。哈里斯和托达罗（Harris and Todaro，1970）[60]提出在均衡状态下，农村收入和城镇收入相等时，劳动力要素的流动才会停止。王宋涛和温思美（2015）[61]在此基础上，采用各省份的人均地区生产总值基尼系数作为资本错配的代理变量。

2.1.3 要素错配的影响

2.1.3.1 基于内生增长角度

内生增长理论认为，技术进步是经济增长的动力和源泉，而技术进步又与企业的研发投入有密切联系。如果创新研发投入不足就会严重制约企业的自主创新能力，从而造成企业增长乏力，为此，许多研究对影响和制约创新投入的因素进行探索（鲁传一和李子奈，2003）[62]，但从要素错配的角度研究对创新投入的影响效应还比较分散。下面将此类文献归纳为两个方面。

一方面，强调要素错配的结果对研发创新的抑制作用。博俊和莱文（Boldrin and Levine，2004）[63] 得出的结论显示，企业在可通过寻租获得廉价生产要素的情况下，从事研发活动获得利润的动力就会减弱，从而会抑制研发投入。张杰等（2011）[64] 基于中国工业企业数据库的微观企业数据，发现要素错配程度越大的地区，要素市场扭曲对中国企业研发投入的抑制效应越强，要素错配程度小的地区，对企业研发投入的抑制效应较弱；李平和季永宝（2014）[65] 将要素错配对技术创新的影响分为长期效应和短期效应。短期而言，要素市场扭曲有助于集中调动资源、促进经济快速增长；但长期来看，丧失了技术溢出和技术创新所需的市场化土壤，进而无法走向产业链上游，沦为经济"殖民地"。采用门限回归的实证结果表明，我国资本和劳动要素价格扭曲对技术进步有显著影响，且超过门限值后，要素扭曲对技术进步的作用由促进变为抑制。另外，扭曲的劳动力要素价格导致收入不足，因此对新产品缺乏有效的市场需求。戴魁早（2015）[66] 考虑区域特征，比较分析了不同地区要素市场扭曲对研发投入的影响，且在既有文献讨论研发只关注物质资本的基础上，加入了人力资本投入。得出的结果是要素错配程度与研发投入是非线性的，错配程度较高的地区，在要素市场改善的初始阶段，对研发资本投入的抑制作用是上升的，随着错配程度逐渐下降到一个临界点后，这种抑制效应才会下降。要素市场错配抑制了研发物质资本投入增长，但促进了研发人力资本投入。运用门限检验方法检验了要素市场错配对研发投入在不同区域、人力资本、财政收入、产权结构和对外开放程度的不同门限值区间内的影响程度，得出差异化的结论。

另一方面，政府通过行业政策、财政政策干预要素市场造成的要素错配对企业的创新研发活动有促进作用。泰达（Tether，2002）[67] 认为政府补贴能降低企业的边际成本和不确定性，分散由于创新带来的风险，从而促进企业的创新活动。菲尔德曼和凯利（Feldman and Kelley, 2006）[68]从信号理论出发，如果企业获得政府补贴，可看作企业与政府关系的正向信号，这样有助于企业吸引信贷资源等从事创新和扩产活动。蔡尔德和谢长泰（Child and Tse, 2001）[69]则从企业的所有制角度出发，研究政府补贴对国有企业和私有企业的不同表现。国有企业相比较非国有企业具有要素禀赋丰裕、软预算、不问责等特点，获得政府补贴后，不会像私有企业那样对创新生产活动有明显的促进作用，但是在要素错配严重的地区，政府补贴对非国有企业创新活动的激励作用较弱，原因是有大量"寻租"空间的存在，企业更有动力通过"公关"攫取成本较低的生产要素而非获得政府补贴进行创新。

2.1.3.2 基于国际贸易角度

改革开放以来，我国凭借特别的"出口优势"，实现了出口贸易规模的快速扩张，那么，是哪些核心因素帮助企业获得出口优势呢？林毅夫（1994）[70]基于新古典贸易理论框架，认为劳动力的比较优势决定了中国出口的增长，戈德斯坦和拉迪（Goldstein and Lardy, 2008）[71]认为人民币低估是出口贸易增长的主要因素，狄恩（Dean, 2007）[72]将中国快速出口增长归因于全球化垂直分工。这些研究不能很好地解释我国的出口容易受到外部冲击的影响。因此，从国内要素错配的角度解释企业出口行为是对之前文献的有力补充。史晋川和赵自芳（2007）[73]发现要素价格的负向扭曲使得企业的生产成本降低，增加出口会带来高额利润。雷鹏（2009）[74]通过测算得出资本的扭曲程度大于劳动力，因此企业从事生产行为时更倾向于使用资本替代劳动，产品的资本深化导致资本密集型产品的出口增加。张杰（2011）[59]的研究具体将出口区分为本土企业出口和外资企业出口，他发现：一是要素市场错配对本土和外资两类企业均有促进作用，且对本土企业出口的作用更大；二是要素市场错配提升了外资企业在中国本土市场的竞争力，激励大量低附加值、高投资、出口型的产业向中国转移（盛誉，2005）[75]。冼国明（2013）[76]在张杰（2011）[59]的基础上加入对中间产品错配程度的核算，仍然得出类似的结论。廖显春（2015）[77]基于谢长泰和可莱诺（2009）的模型，构建出要素市场扭曲对企业出口增长的作用，加入更多的控制变量仍得出相同的结论：要素扭曲有助于企业的出口，东部地区及非国有企业的要素价格负向扭曲程度更高。康志勇（2014）[78]则提出异议，指出张杰（2011）[59]中并没有区分固定成本和可变成本。考虑成本的分类后，结果是要素市场扭曲会导致出口企业更倾向于从事低技术水平产品的生产与出口，特别是低利润、低技术的劳动密集型产品；但是一旦企业进入出口企业的行列，要素市场错配会对企业出口数量和竞争力起到抑制作用。考虑企业所有制的异质性，发现非国有企业相对于国有企业在面临要素错配的情况下更倾向于出口低价值链的劳动密集型产品。王必锋（2013）[24]认为本土企业的产能过剩形成的巨大的出口动机会进一步放大经常项目的顺差。

　　要素错配不仅使得经常项目出现顺差，也造成了资本项目的顺差。经常项目顺差扩大，将形成巨额的外汇储备，人民币面临升值的压力，我国实行有管理的浮动汇率制，央行不得不投放大量的基础货币稳定汇率，形成流动性过剩，在人民币升值的预期下，热钱流入，扩大了资本项目的顺差（黄益平，陶坤玉，2011）[79]。经常项目顺差与资本项目顺差互相促进。国内要素扭曲吸引了大量的外商直接投资，使资本项目顺差增加，同时外商直接投资生产的产品出口比例增大，从而扩大了经常项目顺差。李平和季永宝（2014）[65]选取1998～2012年省级面板数据，发现要素市场扭曲降低了外资进入的门槛，吸引了外商直接投资；随着市场化的加强，要素市场扭曲程度降低，FDI 的数量也随之降低，但外资的质量逐步提高。

2.1.3.3　基于产业结构角度

理论界对资源错配与产业结构的研究大体始于库兹涅兹（Kuznets，1957）[80]。青木（Aoki，2008）[50]、霍彭海恩（Hopenhayn，2014）[81]等研究从世界各国经济发展的工业化进程来看，发现资源配置的调整与一国产业结构的演进具有密切的关系。第一，工业化、产业结构升级实质上就是生产率提高、技术创新发展、主导产业更替的过程，更是经济中有限资源不断优化配置的过程。不存在要素流动摩擦的情况下，资源配置的结果往往是从生产率低的部门流向生产率高的部门，吕铁（2002）[82]、李小平和卢现祥（2007）[83]使用偏离—份额法通过检验结构变动与生产率增长的关系，发现制造业行业间的资源配置缺乏效率，主要原因是市场的不完全性阻碍资本和劳动等生产要素在行业间形成有效流动。第二，干春晖（2011）[84]和袁富华（2012）[85]的研究发现，当产业结构往高级化升级的过程中，劳动力又会从生产率较高的工业部门流动到生产率较低的服务部门。相应的研究还包括梅里兹（Melitz，2004）[86]、谢长泰和可莱诺（2009）[11]、曾先峰和李国平（2011）[87]等从企业异质性、不完全竞争、技术进步、行业间要素扭曲等多个方面实证了资源错配对经济结构变化的影响。第三，从产业结构与经济投入—产出关系出发，探索产业部门之间的要素错配会影响到经济体的产业结构。代表性的研究有青木（2008b）[88]，他发现战前农业部门与非农业部门之间存在的错配主要源于劳动力流动摩擦，而非工资差异；交通运输和金融部门之间的错配是造成资本错配的主要原因，农业部门与金融部门之间的错配是劳动力错配的主要原因，进一步，各部门所占比重可能会加重要素错配的效应。类似的研究还有

琼斯 (2011b)[31]和大卫和霍彭海恩 (David and Hopenhayn, 2014)[89]等。

2.1.3.4 基于企业选择进出的角度

巴特尔斯曼等人 (Batelsman et al., 2013)[90]研究指出，没有要素错配的条件下，退出只会发生在那些生产率低于给定阈值的企业中；反之，一些拥有高水平生产率的企业面临较大的扭曲时，也会选择退出，较低生产率水平的企业却可能幸存下来继续生产经营，因此，此阈值取决于均衡工资率和平均产出，而要素错配将会恶化这种基于生产率的选择效应，并降低现有运营企业资源配置的总体效率。也有文献在现有研究基础上，引入资本的调整成本、放松强制许可、市场力量的异质性、金融危机等多种因素来探讨资源错配对企业进入和退出以及整体生产率的影响。

国内的研究主要代表文献有罗德明等 (2012)[91]从所有制角度出发，得出的结论为偏向国有企业的政策会造成总体全要素生产率的损失，原因是生产率低的国有部分受益于优势市场税收和补贴政策，从而导致企业进退机制扭曲，保护了低生产效率的国有企业却抑制了高生产率的私有企业的扩张。

2.2 全要素生产率波动的相关研究

2.2.1 全要素生产率的波动趋势与测度

2.2.1.1 全要素生产率的变动趋势

关于我国全要素生产率的变动趋势，李京文和方汉中 (1991)[92]

在总体层面上进行了测算，得出改革开放前（1953～1978年），全要素生产率的年平均值为 -0.8%，改革开放后（1979～1990年）年均增长率是2.53%；钟学义和陈平（1996）[93]对资本存量的度量和劳动力质量的表征方法进行调整后，计算出1953～1977年间，全国的TFP年均变化率为 -1.19%，1978～1995年间TFP的平均变化率为3.623%。邹至庄和李凯（Chow and Li，2002）[94]使用C - D函数，却得出不同的结论，1952～1978年期间总体TFP保持不变，1978～1998年间TFP增长了2.7%；张军和施少华（2003）[95]使用改进的C - D函数，得出改革开放前中国的TFP波动较大，1978年之后TFP表现出平稳的增长，约为2.8%；张自然（2013）[96]具体对1979～2011年间TFP的增长轨迹进行描述，发现波峰出现在1992年，接近8%，波谷在1986年，为 -3.3%；他进一步将TFP增长率用HP滤波分解为增长趋势和波动部分，发现TFP的波动较为剧烈。

2.2.1.2 全要素生产率的测度研究

在经济增长测度实践中，受到更多关注的是全要素生产率的变化，即TFP指数或TFP增长率，在众多文献和方法中，最具划时代意义的当属索洛（Solow）的新古典增长模型，引入具有希克斯技术中性和规模报酬不变的生产函数，得到投入产出预算平衡式为：

$$Q_t = A_t F(K_t, L_t) \tag{2-3}$$

式中，K_t，L_t 分别是资本和劳动力投入要素，Q_t 是产出，A_t 表示TFP增长率。将式（2-3）两边分别对时间求微分，并除以 Q_t，得：

$$\frac{\dot{Q}_t}{Q_t} = \frac{\partial Q}{\partial K}\frac{K_t}{Q_t}\frac{\dot{K}_t}{K_t} + \frac{\partial Q}{\partial L}\frac{L_t}{Q_t}\frac{\dot{L}_t}{L_t} + \frac{\dot{A}_t}{A_t} \tag{2-4}$$

资本和劳动要素的产出弹性通常无法观察到，但是均衡状态下，要素投入报酬等于其边际产出，即：

$$\frac{\partial Q}{\partial K} = \frac{r_t}{p_t}, \quad \frac{\partial Q}{\partial L} = \frac{w_t}{p_t} \tag{2-5}$$

将式（2-5）代入式（2-4），要素产出弹性可以用要素收入份额来替代，分别表示为 S^K、S^L，于是有：

$$R_t = \frac{\dot{Q}_t}{Q_t} - S_t^K \frac{\dot{K}_t}{K_t} - S_t^L \frac{\dot{L}_t}{L_t} = \frac{\dot{A}_t}{A_t} \tag{2-6}$$

式（2-4）测度的是"索洛余值"，表征实际产出增长率与投入要素增长率之差，是所有要素产出效率整体提升的结果，即 TFP 增长率。索洛（1957）[4]余值法常常因为内生性问题和样本选择性偏误的问题而受到批判。奥莱和帕克斯（1996）[44]与莱文索恩和彼得林（2003）[97]分别采用投资和中间投入作为工具变量，克服了相关问题，在实证研究中得到广泛应用。

另一类测量 TFP 指数的方法始于法雷尔（Farrell，1957）[98]，他从"多投入、多产出"的特点出发，利用等产量线（生产前沿面）衡量微观厂商的投入产出效率，等产量线代表技术上的最高水平，距离生产前沿面越近的组合，相对技术效率越高。可以使用距离函数进行描述（Malmquist，1953；Shephard，1970）[99-100]。前沿面法为后续出现的数据包络分析（DEA）和随机前沿分析（SFA）测度 TFP 指数奠定了基础，DEA（Charnes，Cooper and Rhodes，1978）[101]和 SFA（Aigner et al.，1977；Meeusen and Van den Broeck，1977）[102-103]的出现克服了现实中无法确定生产前沿面的问题，但其仅限于对某个时点厂商技术效率的测度，凯夫斯等人（Caves et al.，1982）[104]将 Malmquist 指数和技术效率相结合后得出的马姆奎斯特生产率指数可以测算不同时点间 TFP 指数。

2.2.2 全要素生产率波动的经济影响效应

张自然（2013）[96]将各省区市地区生产总值增长率和 TFP 增长率水平用 HP 滤波分解为增长趋势和波动，分别审视了两个增长和波动序列不同时期的相关系数，发现 TFP 的波动与 GDP 的波动高度相关，技术冲击与政策变化等直接影响 TFP 的因素对于经济波动有着决定性的作用，而经济波动最终又会对长期的经济增长产生影响。拉弗蒂（Rafferty，2004）[105]利用 GMM 估计法，得出 OECD 国家的经济波动对经济增长具有抑制作用。阿巴特（Abate，2016）[106]使用空间计量学方法对 78 个国家的宏观经济波动与经济增长的相关性进行实证分析，发现波动性越强，经济增长率越低。高伟生和叶民强（2008）[107]利用面板数据模型研究亚洲国家经济增长与经济波动的关系，实证结果表明经济增长与经济波动为负相关关系。刘雅君和田依民（2016）[108]通过建立时变参数向量自回归（TVP – VAR）模型，分析宏观经济波动率对潜在经济增长率的影响，发现经济变动率在短期内对经济增长率是正向的，在长期内影响变成负向。原因是经济波动是短期经济中不确定性和风险的表现，投资者对整体经济前景的预期并不明朗，固定资产投资和外商直接投资为了规避风险，在经济波动加大时，将降低或者推迟投资决策，而随着经济整体企稳向好时，再加大投资力度。经济波动影响经济增长的相关文献还有邵军和徐康宁（2011）[109]。可见抑制经济波动对应对现阶段我国经济的下行压力有积极作用，而卜永祥和勒炎（2002）[110]、简泽（2005）[111]证实供给冲击是引起我国经济波动的主要冲击，李春吉（2010）[112]认为相对于需求冲击，代表供给冲击的全要素生产率冲击构成了我国实际经济波动的主要来源。故研究 TFP 的波动对于稳增长具有重要意义。

从经济增长理论出发，也有众多学者就全要素生产率对经济增长的贡献展开广泛讨论。以索洛（1957）[4]为代表的新古典增长理论推导出长期经济增长率就是由资本增加的贡献、劳动力增加的贡献和技术进步的贡献三个部分组成，并利用此经济增长模型对美国 1909 ~ 1949 年的经济进行了研究，他们发现，"索洛余值"对经济增长的贡献达到 87.5%，资本和劳动的投入仅为 12.5%。中国社会科学院数量经济与技术经济研究所的测算结果表明：1977 ~ 2012 年，TFP 对经济增长的贡献为 38.3%（蔡跃洲、张钧南，2015）[113]。相应的文献还包括邹至庄和李凯（2002）[114]、张军和施少华（2003）[115]、博斯沃思和柯林斯（Bosworth and Collins，2008）[116]、勃兰特和朱晓冬（Brandt and Zhu，2010）[117]，郑玉歆（1999）[19]、郑京海和胡鞍钢（2005）[118]。

2.2.3 全要素生产率波动的原因

在增长核算框架下测算出的 TFP 是一个"黑箱"，任何未被观测到的因素都可以归为 TFP 的变化，因而对影响全要素生产率变动因素的分析，既有文献多从马姆奎斯特生产率指数基础上扩展，法勒等人（Fare et al.，1994）[119]将 TFP 指数分解为技术进步、纯技术效率变化指数和规模效率变化指数。郑毓盛和李崇高（2003）[27]、赵自芳和史晋川（2006）[40]、姚战琪（2011）[120]将 TFP 增长分解为技术进步、技术效率变化、规模效率变化和要素配置效率变化四个部分。因此，微观层面的技术进步和技术效率以及宏观、中观层面的要素配置效率都可以看作影响 TFP 增长率的因素。

2.2.3.1 技术进步及其影响因素

经济学上的技术进步指的是代表最先进生产技术的生产前沿面整体向外移动，在技术上实现以较少的投入获取较多的产出。对于经合组织国家而言，技术进步只能依靠不断的研发和自主创新；而对于发展中国家而言，技术进步还可以通过对国外技术引入吸收再创新的方式。基于此，影响技术进步的因素有伊萨克森（Isaksson，2007）[121]和希维尔森（Syverson，2011）[122]提出研发经费投入；人力资本的积累和相关法律机制是否健全，包括对知识产权保护的法律法规以及合理的收入分配激励机制（Bartelsman and Doms，2000；Yeaple and Keller，2003）[123-124]。

2.2.3.2 技术效率及其影响因素

生产前沿面代表的是最优技术，现实中更多生产活动都居于生产前沿面之下，因此如果微观企业努力使生产活动向生产前沿面靠近，也能带来 TFP 的增长，被称为技术效率的提升。在给定技术水平下，如何通过提升企业的自身效率来实现 TFP 增长，取决于以下因素。第一，企业内部管理组织模式，布鲁姆和范里宁（Bloom and Van Reenen，2007）[125]的实证表明，企业管理水平于 TFP 增长之间存在显著的正向相关。第二，企业员工的素质同样是提高管理水平和技术效率的核心因素。第三，信息通信技术能够提高信息收集、传递、处理、反馈等方面的效率，进而带来 TFP 的增长（Bartel，Ichniowski and Shaw，2007）[126]。第四，伊萨克森（2007）[121]提出产业聚集地区，良好的通用基础设施和产业共性基础设施以及技术溢出等优势有利于提高企业的 TFP。

2.2.3.3 要素配置及其影响因素

发展经济学的众多文献表明，在宏观和中观层面，资源优化配置是经济增长的重要因素（Kruger，2008）[127]。在产业之间，就是将要素更多配置到 TFP 水平更高的部门，随着劳动和资本以及其他要素的流入，整体生产率水平将得到提升（McMillan and Rodrik，2011）[128]。在产业内部，表现为不断提高高生产率水平企业的规模和份额，而影响要素有效配置的因素又可以概括为：第一，是否能充分发挥市场竞争选择机制，行业准入和退出机制是否完善（韩剑和郑秋玲，2014）[129]；第二，金融体系成熟程度能否支撑实体经济发展的需要，能否形成顺畅的传导机制，将社会资金分配到高生产率水平的企业（袁志刚和邵挺，2010）[130]；第三，劳动力市场是否完全没有流动摩擦（盖庆恩等，2013）[131]。

2.3 要素错配对全要素生产率波动的影响研究

前两节分别就既有文献中关于要素错配与全要素生产率波动的产生原因、测度方法以及影响效应进行梳理，本节重点关注要素错配对全要素生产率及波动的影响，具体从理论和实证层面，以及地区内、地区间、行业内、行业间四个维度，对劳动力市场分割、资本及其他要素市场资源不平等分配引起的技术进步、技术效率和配置效率来展开分析。

2.3.1 要素错配引致全要素生产率损失

讨论劳动力要素配置的主要理论有库兹涅茨原则和刘易斯二元经济理论。库兹涅茨（1966）[132]通过研究国民收入和雇员数量随时间在农业、工业和服务业的配置的变化趋势，得出要素在产业之间流动方向是从劳动生产率低的产业指向劳动生产率高的产业，将有助于提高总体劳动生产率。刘易斯（Lewis，1954）[133]研究了劳动力在农业部门和工业部门之间流动以及劳动边际报酬变化的规律，发现在经济发展初期，工业部门的劳动边际报酬高于农业部门，大量的劳动力从农业部门流向工业部门，在不考虑劳动力流动摩擦的情况，最终的结果会是两个部门的工资水平差异减少并逐渐趋同。实际上劳动力流动摩擦普遍存在，将阻碍劳动力在不同行业之间的自由流动，导致劳动力在就业行业选择、工资收入、社保福利、公共资源享用上被区别对待，由此造成生产率的损失。

描述资本要素配置的核心理论有赫尔希曼的不平衡增长理论。赫尔希曼（Hirschman，1958）[134]、坦普尔（Temple，2001，2004）[135-136]和沃尔拉特（Vollrath，2009）[137]认为资源有稀缺性，发展中国家需将有限的资源配置到最优效率的部门中去，这样就会造成部分行业（部门）发展过快而部分行业停滞发展的不平衡增长路径，直接的后果是"产能过剩"伴随着"投资不足"，赫尔希曼的理论比较符合我国改革初期的发展政策和路径，强调不同行业在获取资本等其他资源时拥有不平等的机会。

塞尔奎因（Syrquin，1986）[20]使用推广了的 Solow 增长模型，把 TFP 的增长分解为各行业 TFP 的增长和行业间要素的配置效应，然而该方法并不能分析各行业之间资源配置不合理的原因，也不能有效指出合理的资源配置情况。多拉尔和魏尚进（Dollar and Wei，2007）[138]使用中国 12400 家企业数据，通过测算发现，如果去除资本的错配，中国的 GDP 将会增加 5%。阿西莫格鲁、安特拉斯和赫尔普曼（Acemoglu，Antras and Helpman，2007）[139]指出，要素和最优配置部门之间可能存在搜寻摩擦，提高搜寻技术或降低搜寻成本将有效提高全要素生产率水平。青木（2008）[50]使用日本的行业数据，比较战前和战后劳动力错配对生产率的影响情况，得出的结论是战前劳动力错配程度更大，主要的原因是劳动力流动障碍而并非农业与非农业部门的工资差异导致战前农业部门的劳动力占比较高。阿尔法罗等人（Al-faro et al.，2008）[140]使用79个国家的企业数据，发现消除错配能解释国家间全要素生产差异的42%~58%。沃尔拉特（2009）[137]通过计算不同生产单元的要素边际报酬，发现产业间的劳动力和资本的配置是非效率的，并且得出配置的非效率可以解释国家间生产率差异的90%~100%。谢长泰和可莱诺（2009）[11]基于梅里兹（2003）[141]的完全竞争模型拓展到垄断竞争模型，以美国的企业间要素错配程度作为基准，分别计算了中国和印度的错配程度，结果发现如果中国和印度的错配度减少到美国的水平，则它们的TFP分别提高35%~50%和40%~60%。勃兰特等人（2009）[142]通过对1998~2006年中国制造业企业的数据分析，发现企业的自由进入和退出存在障碍，且资源从国企流向民企也存在摩擦。如果能消除这两种障碍，企业的全要素生产率将会有很大的提升。朱喜（2011）[143]将土地加入进来，使用资本、劳动和土地的三要素生产函数，借鉴谢长泰和可莱诺（2009）的测算要素错配的方法，采用2003~2007年我国农村固定跟踪观察农户数据，将全国分为东、西、中、东北四个部分，最后得出的结论是消除错配后，东部和西部TFP的提升更加显著，分别是31.8%和32.9%，中部和东北部分别增加11.6%和11%。在资源错配的竞争性均衡中，现有研究表现为摩擦税等形式的扭曲楔子，琼斯（2011）[31]使用中间产品投入—产出分析的结构错配模型考虑中间产品的错配，结果扩大了原有的资源错配的影响程度，具有乘数效应。陈永伟和胡伟民（2011）[144]仍然使用三要素（资本、劳动和中间品）生产函数，同样采用的是中国的工业企业数据库，将行业间资源重置的影响分解为要素价格影响和行业份额的影响，发现实际与潜在产出之间存在15%的缺口，但与之前文献不同的是他们发现行业间资源的重置对TFP的提升并没有明显作用。罗德明、李晔和史晋川（2012）[91]使用2000~2004年的制造业企业数据，在DSGE基础上加入中间品垄断生产企业和内生化进入退出动态生产率，发现消除扭曲后，人均GDP增加115.61%，资本存量增加158.17%，TFP增加9.15%。青木（2008）[28]使用美国和日本的行业数据，发现要素错配对解释日本和美国TFP差异的原因占9%，其中资本错配主要源于交通和金融部门，劳动错配来源于农业部门。米德里根和徐熠（Midrigan and Xu，2014）[145]重点强调金融摩擦对企业进入市场和技术采用影响分析的基准模型，结论是引入企业技术采用决策后，金融摩擦对总量经济的影响放大了，拓展分析中考虑在位者退出现在的部门，得出存在企业退出的经济错配程度要小于没有退出的情形。金融摩擦通过影响企业进入决策以及拟采用技术，造成的经济效率损失高达40%，通过引致资本错配，对总量生产率的损失为5%。莫尔和伊斯特胡克（Moll and Itskhoki，2014）[146]通过数值模拟的方法，针对经济冲击持久性对稳态、过渡动态、福利损失等方面的影响进行研究，结果发现落后国家金融市场不发达影响了资本的有效配置，进而导致较低的生产率水平和资本回报率，在此传导机制中加入金融摩擦对资本和财富积累的重要影响，以及动态地研究改革成效出现的时间、条件等。在经济遭遇持久性冲击时，金融摩擦对稳态的生产率损失影响较小。张庆君（2015）[147]使用中国工业企业数据库中130367个企业数据，从产业角度出发，构建错配指数、规模楔子、劳动力楔子和资本楔子来说明我国工业企业的资源错配情况，结果发现，如果达到最优的资源配置条件，我国工业企业的总产出将上升 24.3% ~ 58.8%。

2.3.1.1 劳动力要素错配与全要素生产率损失

劳动力错配对经济增长的影响文献可以归纳为下面几类。第一，二元经济模型中劳动力在农业部门和非农业部门错配的存在以及产生的原因。坦普尔（2005）[148]通过构建劳动力错配指数，发现影响农业部门和非农业部门劳动力错配水平的因素是技能劳动在总劳动中所占的比例、技能劳动力与非技能劳动力相对生产效率之比和非能源部门产出份额。夏默（Shimer，2005）[149]构建动态错配模型发现，影响劳动力错配的因素是失业水平、职位空缺量和再就业率。林文夫和普莱斯考特（Hayashi and Prescott，2006）[150]发现造成劳动力在两部门之间错配的原因是劳动力流动障碍。拉各斯（Lagos，2006）[151]指出雇佣规模、雇佣补贴、失业津贴和解雇津贴等政策会影响到劳动力错配。坦普尔（2008）[152]发现劳动力市场刚性会导致劳动力错配。第二，从劳动力要素的特点出发分析劳动力错配。沙里等人（Chari et al.，2002）[153]依据工资黏性理论与卡特尔理论构建理论模型，考察美国劳动力错配对其经济萧条的影响，他们以工资税率衡量劳动力错配水平，结果显示 1925 ~ 1940 年美国劳动力错配水平大体表现出不断上升的变化趋势。罗杰森（Rogerson，2007）[154]发现法国、德国、意大利以及美国的工作时间及变化趋势之间存在很大差异，造成劳动力错配的主要原因是各国税收政策及技术赶超水平的差异。惠利和张顺明（Whalley and Zhang，2007）[155]发现户籍制度是我国劳动力流动障碍的原因。柏培文（2012）[156]构建了劳动力配置扭曲系数，发现我国城乡劳动力错配程度表现出波动下降的趋势，城市内劳动力错配程度表现出波动上升趋势，城乡间的错配是我国劳动力错配的主要原因。第三,考察劳动力错配对经济增长的影响及产生的原因,盛仕斌与徐海(1999)[39]通过对不同所有制类型、行业、地区的要素价格扭曲程度进行测定,发现错配长期存在且通过引起失业率上升抑制经济增长,错配产生主要源于制度性政策。奥德特和延森(Aidt and Jensen,2008)[157]基于79个国家的企业层面数据,发现企业间劳动力错配现象显著存在,劳动力错配在一定程度上解释了国家间收入的差异。简泽(2011)[111]基于我国工业企业数据库,发现我国要素错配现象普遍存在,且资本错配程度大于劳动力错配程度,市场分割与金融摩擦是造成这一现象的主要原因。袁志刚与解栋栋(2011)[158]假设仅存在劳动力错配的情况下,将劳动力错配对全要素生产率影响效应分解为工资差异效应和部门名义规模效应,发现我国劳动力错配的存在并且没有改善的趋势。第四,基于劳动力的重置效应角度。阿克米克(Akkemik,2005)[159]使用新加坡制造业行业数据,对劳动率的增长进行分解,得出劳动力的静态转移和动态转移贡献达50%左右;李小平和卢现祥(2007)[83]使用相同的方法研究中国制造业行业,他们发现劳动力的转移贡献在1985~1997年仅为7.62%,在1998~2003年要素转移对生产率的提高是负向作用。姚战琪(2011)[120]使用偏移份额法对整个工业行业1986~2007年的劳动生产率进行分解,劳动重置效应对劳动率增长的贡献也很小,为0.01%。

2.3.1.2 资本要素错配与全要素生产率损失

对于资本错配影响效应的现有研究集中于资本的流动摩擦,即如果不存在信贷约束,所有企业面临同样的市场利率借入或者贷出资本,根据边际产出递减理论,生产率高的企业随着资本的流入边际产出递减,生产率低的企业随着资本的流出边际产出递增,所以最终所有企业的资本边际收益相等,都等于市场利率。但是存在资本流动摩擦的情况下，就会导致借贷资本的成本在不同企业之间不相同，造成错配。迪亚斯等人（Dias et al.，2015）[160]根据这一思路，通过计算各产业边际生产率的差异程度来判断要素配置的效率；沃格勒（Wurgler，2000）[161]、潘文卿和张伟（2003）[162]使用资本投资与资本回报率的相关程度来计算资本错配程度；杰弗里和沃格勒（Jeffrey and Wurgler，2000）[163]利用金融市场化程度与行业投资反映系数来测算资本配置效率。在核算经济增长时加入摩擦因子，把分解得到的资源配置效率进一步划分为资本配置效率和劳动配置效率。莫尔（2009）[164]发现与美国相比，金融摩擦可以解释新兴市场经济国家产出效率损失的25%。王林辉和袁礼（2014）[54]测算出资本错配对全要素生产率的损失为2.6%。

不少文献从所有制类型间的错配出发研究了金融摩擦的现象。刘小玄和李利英（2005）[165]利用451家样本企业的数据发现，国有股权下降则生产率提高，私营资本提升则生产率也随之攀升。李青原等（2010a）[166]以1999~2006年我国30个地区27个工业行业数据为样本，研究发现一个地区的国有经济比重越高，资本配置效率就越低。李青原（2010b）[167]进一步研究得出金融发展显著促进了资本配置效率，但是政府的干预会抑制这一功能的发挥。张佩和马弘（2012）[168]认为我国的利率还未完全市场化，融资渠道是以银行贷款为主，银行贷款选择贷款企业时又具有行政化的特点，从而使易于获得贷款的企业过度投资，有信贷约束的企业扩张不足，因此造成的错配对全要素生产率造成损失。李静等（2012）[169]认为国有、集体企业的错配程度要比民营企业严重。

余婧和罗杰（2011）[170]从微观视角研究金融错配的具体机制，发现融资相对困难的企业（主要是民营企业）通过商业信贷向资金相对充裕的企业（主要是国有企业）提供资金，从而造成资本的进一步错配。袁礼（2013）[171]通过将金融行业与其他行业进行比较，发现金融行业的错配更加严重，源于其高度垄断性，而随着商业银行的股份改制的推行，以银行为主导的金融体系的错配程度将会降低，资本配置效率提高后会带来经济的增长。

2.3.1.3　土地和能源等其他生产要素错配与全要素生产率损失

对于土地要素市场产生扭曲的原因，黄忠华、杜雪君和虞晓芬（2012）[172]认为是我国土地要素市场不完全导致的土地资源错配。谭荣（2010）[173]，陈梅英、郑荣宝和王朝晖（2009）[174]认为政府垄断土地的供给市场和政策干预是土地要素配置效率低的主要原因。钱文荣（2001）[175]和蔡继明（2010）[176]认为我国的土地产权制度有缺陷，土地多重分割导致土地错配。陶然、陆毅和苏福兵（2009）[177]发现我国的财政分权体制导致地方政府为招商引资而降低土地价格，导致土地要素严重错配。

目前国外的文献对于土地要素配置的研究较少，可能的原因是土地和资本两类生产要素之间存在很强的替代性，便不再单独核算土地要素错配对经济的影响。现有测算土地要素错配的文献也多采用类似于资本和劳动力错配的测算方面。土地错配对生产率影响效应归纳为杜阿尔特和雷斯图恰（Duarte and Restuccia，2010）[178]的结构效应以及曲福田、田光明（2011）[179]的动态影响效应。前者是指我国"二元经济"的结构导致城乡土地要素错配严重，拉大生产率差距最终导致生产率损失；后者是说我国企业的平均生命周期和工业用地出让年限不匹配，用地的低效问题严重，而且对土地的利用存在动态变化特征。因此及时对低效工业用地二次开发将有助于提高生产率（石忆邵等，2010）[180]。

能源等其他生产要素对 TFP 的研究同样较少，通贝和珍妮弗（Tombe and Jennifer，2014）[181]对能源强度政策通过资源错配影响总产出进行实证，发现影响区间为 0.8% ~ 0.88%。王芃和武英涛（2014）[182]研究了能源行业中四个子行业之间的错配、行业内部企业之间的要素错配、能源要素市场以及产品市场的错配，结果表明，企业和行业层面、产品市场和要素市场均存在错配，消除这些错配，能源产业的全要素生产率将增长 43.51%。

2.3.2 要素错配与全要素生产率的波动

2.3.2.1 劳动力要素流动摩擦与经济波动

微观层面的要素流动障碍会导致产业结构的失衡，也就会对宏观经济带来波动。由于受到户籍和土地制度的约束，劳动力的进一步转移受到阻碍，非农业部门的扩张进程减缓，不同部门之间的非平衡增长带来经济波动。徐现祥（2001）[183]发现劳动力错配效应呈逐年扩大的趋势；袁志刚和解栋栋（2011）[158]采用丹尼森（Denison，1967）[184]、巴罗（Barro，1999）[185]和坦普尔（2001）[135]的劳动力部门转移效应的分析框架，发现原有的城乡分割体制是制约劳动力转移的瓶颈。

宏观劳动力转移的过程中往往是产业结构的升级变化过程，经济波动与产业结构升级之间的负相关关系已被验证（Williamson，1990；Krueger，1993；Rodrik，2002）[186-188]。国内学者也从不同角度研究劳动力要素流动与经济波动之间的关系。黄赜琳（2006）[189]构建了可分劳动实际经济周期模型，分析技术进步对经济波动的影响；陈师和赵磊（2009）[190]考察了不可分劳动的实际经济周期模型中技术进步对经济波动的影响；贺云松（2010）[191]采用加入劳动者消费习惯的实际经济周期模型，解释了中国1978～2008年经济的周期性波动。王永进（2013）[192]从劳动力要素流动摩擦的视角考察产业结构和经济波动的关系。劳动力摩擦的存在可能源于搜寻匹配成本（Diamond，1982；Mortensen and Pissarides，1999）[193-194]、价格黏性、敲竹杠（Acemoglu and Shimer，2000）[195]等，导致工资不能根据经济状况灵活调整，当面临经济衰退时，企业尤其是生产产品差异化水平高的企业调整工资的可能性较小，要素流动又会受到地域障碍等因素的影响，由于高风险性，企业更倾向于生产同质化的产品。因此高价值链和异质化产品行业的技术进步缓慢，发展也比较乏力。盛仕斌（1999）[39]认为国有企业可以低于市场价格的利率得到资金，使用资本替代劳动，就业规模萎缩；私有企业由于成本约束，不敢扩张，而且由于国有企业较高的福利保障水平，阻碍了国有企业下岗劳动力向非国有企业流动。该现象符合中国依靠投资驱动的发展模式，即资本要素价格发生扭曲，以资本替代劳动力，重点发展资本密集型产业便成了地方政府的集体选择。

2.3.2.2 资本要素流动摩擦与经济波动

宏观经济波动与信贷的互动关系一直是金融学讨论的重点。一方面宏观经济的波动通过改变资本成本、企业的经营业绩、信用评级和抵押品价值等影响银行的放贷意愿和数量以及企业的借款需求等（Peek and Rosengren，2000；Jacques，2010）[196-197]；另一方面，宏观经济通过改变居民的储蓄水平（Diamond，1984）[198]和搜集借贷信息（Dasgupta and Stiglitz，1981）[199]等方面影响贷款的再分配和转移。我国金融体系正处在由计划经济向市场经济过渡时期，银行信贷是目前企业外部融资的主要渠道，也是影响宏观经济的重要传导途径。因此，信贷行为及传导途径是否通畅直接对我国的经济波动产生影响。如果在传导过程中出现信贷摩擦，就会产生企业融资的代理成本，伯南克和格特勒（Bernanke and Gertler，1989）[200]的实证结果发现，代理成本会加剧经济周期波动。具体影响过程是：在信贷市场不完美的情况下，就会存在外部融资升水的现象，即企业获得外部融资的成本要高于内部融资，且信息不对称和信贷摩擦使外部融资增加了代理成本，企业在投资时依靠的外部融资的总成本上涨，进而会影响当期的投资决策和未来期的资本、产出，于是放大了对宏观经济波动的效果。这就是"金融加速器"机制。卡尔斯特鲁姆和福尔斯特（Carlstrom and Fuerst，1997）[201]建立了一个可计算的一般均衡模型，定量分析金融加速器效应，发现在金融加速器作用下，货币政策对产出的影响加强了 50%，对投资的影响加强了近 2 倍。虽然伯南克和格特勒（1989）[200]分析了信贷市场摩擦对经济波动有放大作用，但此文献只考虑了一个实体经济和一个金融部门，但对于危机在不同实体部门的传导却无法表现，无法全面展示危机的传导过程。康立等（2013）[202]扩展到了多个部门，构建新凯恩斯 DSGE 模型，通过数值模拟得出金融部门存在摩擦时，房地产业受到的外部冲击通过金融部门的放大作用后对制造业产生波动。信贷摩擦对经济波动影响的另外一条渠道是从抵押资产的角度切入（Kiyotaki and Moore，1997）[203]，信贷摩擦导致不同企业获得贷款的能力不同。行业中的企业可分为两类：受信贷约束的企业和非信贷约束企业。受信贷约束的企业将自己的资产抵押给银行，银行杠杆放贷，如果当期出现经济萧条时，受信贷约束企业的资产贬值，可获得银行的贷款总量将会下降，受信贷约束企业就会减少对未来的投资。对于非信贷约束的企业来说风险是中性的，为了保持市场均衡，预期未来资产的价格会下降，那么当期的资产价格就会下降，进一步缩减信贷约束企业对未来的投资，使得外部冲击的效果被放大。贾佩里和帕加诺（Jappellli and Pagano，1989）[204]提出信贷约束还会影响消费。杜清源和龚六堂在RBC模型中引入金融加速器，发现金融加速器的存在使得很小的冲击对经济带来很大的波动。赵振全采用脉冲响应函数发现金融加速器对宏观经济的影响效应。

结合我国行业和地区经济波动的不同特征，对目前文献中关于要素流动与经济波动的关系进行梳理如下，为实证分析中寻找外部冲击提供理论支撑。

行业层面，柯瑞安和滕雷罗（Korean and Tenreyro，2005）[205]认为发展中国家之所以经济波动程度更高，是因为这些国家生产了更多的易受经济周期波动影响的产品。克里希纳和列夫琴科（Krishna and Levchenko，2009）[206]则指出，制度水平较低决定了发展中国家将更多地生产和出口低技术复杂度产品，而对这些产品的需求恰恰就有较高的波动性，从而使得发展中国家的经济波动性更高。阿吉温（Aghion，2009）[207]研究周期性财政政策与产业增长二者关系时指出，融资依赖性高的行业的产业容易造成经济波动。而要素错配，导致资本和劳动力等生产要素成本较低，对技术有挤出效应，我们已有的文献证明，要素扭曲对出口行为和出口数量都有促进作用，但并没有文献证明对出口质量的作用。所以实证部分将引入出口复杂度来表示出口质量，如果结果表明要素错配程度越高，出口产业链较低的产品越多，便可以得出宏观经济的波动性更大，因为对低产业链产品的需求有较高的波动性。经济波动对差异化产品部门的技术进步有抑制作用，当经济萧条时，由于差异化产品部门的工资黏性，促使就业规模下降，导致生产要素从异质性产品行业流向同质性产品行业

（张杰，2011）[59]。中国工业"要素驱动型"的增长模式没有从根本上改变，要素错配程度的改变必然引起产出的相应变动，韩国珍和李国璋（2015）[56]的实证研究表明，技术密集型行业具有很大的劳动配置效应，资本使用严重不足的行业具有较高的资本配置效应，通过优化要素配置，可以提升中国工业增长效率要素错配与中国工业增长。

地区层面，刘瑞明和白永秀（2007）[208]认为中国经济波动的本质是政府主导型的经济周期，政府主导型的经济体制是经济周期型波动的根源。李斌（2004）[209]发现中国经济波动的转折点与政府换届时间相吻合，改革开放以来的经济周期本质上是政治周期，地方政府行为是构成中国经济波动的主要力量。而对于政府行为如何影响经济波动，一些研究从不同角度展开讨论。梅冬州等（2014）[210]发现中国经济波动与中国共产党全国代表大会的召开密切相关，每次党代会召开前一年名义 GDP 较平时下降，而召开后一年，名义 GDP 较平时上升，他们将党代会对经济波动的影响归因于党代会召开前后政府对官员监察力度的变化。认为党代会召开之前政府对官员监察力度增大，致使地方政府财政支出总量受到限制，固定资产投资和经济增长速度下滑。李猛和沈坤荣（2010）[211]对中国经济波动冲击源进行了分解，发现中国经济波动有大约30%是源于地方政府行为的冲击，并特别强调了官员腐败是地方政府短期化行为的决定因素和经济波动的重要来源。郭庆旺和赵旭杰（2012）[212]从地方政府投资冲击的角度寻找中国经济波动的原因，认为地方政府的政治业绩激励和财政利益激励导致了地方政府在投资规模上展开竞争，产生了总投资冲击，进而造成全国经济周期波动。周业安和章泉（2008）[213]在财政分权背景下做了类似的探索，发现财政分权体制下地方政府在竞争过程中会产生投资冲动，中央政府为了平抑地方政府的投资冲动不断采取相机的调控政策，由此引发经济波动。龚旻和张帆（2015）[214]认为，地方政府为了争取财政收入和地区利益，将采取相机性的财政政策，使财政活动呈现出随机性特征，造成地区经济波动。梳理文献可以发现，现有研究主要把地方政府激励制度作为研究起点，通过讨论地方政府投资支出动机和结果研究政府行为对经济波动的影响，而并未分析企业层面和行业层面的微观作用机制。在现有的政府官员政治和经济激励制度下，具有一定集权的官员未必基于经济稳定和经济绩效配置资源，而可能从个人政治升迁的角度干预要素配置，造成要素错配（张军和高远，2007；王贤斌和徐现祥，2008；周黎安，2012）[215-217]。如果政府行为能够改变要素错配程度，那么，要素配置状况的改变将是政府行为引发经济波动的微观基础。本书从要素错配的视角，探讨政府行为造成经济波动的微观作用机制。

2.3.2.3 要素错配的经济周期性

不存在要素错配的情况下，生产率高的企业规模增长的可能性更大，生产率低的企业缩减规模甚至退出的可能性更大，生产率低的企业的要素会流向生产率高的部门，总体生产率就会提升，产出水平增加。然而，将要素流动摩擦置于不同阶段的经济周期中，经济学者得出的结论不尽相同。一部分认为经济处于衰退期，企业之间的生产率的差距更大，行业对企业进入退出的选择更快。要素流动摩擦会减弱对企业的影响。诺伊迈耶和桑德雷斯（Neumeyer and Sandleris，2010）[218]发现阿根廷的要素错配程度在金融危机前比危机期间高20%；陈凯迹和伊拉扎巴尔（Chen and Irarazabal，2013）[219]却发现智利1982年金融危机后的几年里，资源错配程度降低，对经济增长的贡献达到46%。卡萨库维塔和甘德尔曼（Casacuberta and Gandl-man，2009）[220]对乌拉圭2002年经济危机前后的要素错配程度进行

研究，结果发现并未发生很大变化。以齐巴斯（Ziebarth，2011）[221]
为代表的一部分经济学者发现美国大萧条后银行业危机导致的资源错
配程度加剧，在此期间的企业生产率产生大幅下降。具体的影响渠道
是银行危机导致金融摩擦程度更大，受资源约束的企业更加减少了投
资和耐用品消费。银行资本的小变动在杠杆效应下就会带来投资的大
波动，由此也可解释经济周期时投资波动率更大的现象。沙里等人
（2002）[153]也认为金融摩擦对实体经济的影响完全体现在投资上。卡
恩和托马斯（Khan and Thomas，2013）[222]构建了信贷冲击产生错配
的后果影响宏观经济波动的传导途径，除了沙里等人（2002）[153]提
出的信贷摩擦限制了生产率较高企业的投资，另外一条路径是在要素
错配的情况下信贷冲击会扭曲厂商规模的分布，从而导致衰退的程度加
深和周期的延长，且企业规模分布的扭曲可以解释一半以上 TFP 的损失。
还有一部分学者则认为经济在衰退期反而有利于要素从低生产率部门流
向高生产率部门。福斯特等人（Foster et al.，2013）[223]的衰退进化假说
指出，当经济处于衰退期，要素的成本变低，有助于要素的重新配置，
适合企业研发创新活动，实现要素的进化。得出此结论的还有熊彼得
（Schumpeter，1939）[224]、阿斯克等人（Asker et al.，2011）[225]。

2.4 本章小结

本章对理论界要素错配与全要素生产率波动的相关研究进行了较
为系统的梳理。2.1 节详细地总结了要素错配的相关文献，包括要素
错配的原因、测算方法（OP 协方差法、参数法——指标相比、系数
构建法、替代法——指标替换），以及基于内生增长角度、国际贸易

角度、产业结构角度和企业选择进出决策理论视角全面分析了要素错配的影响效应等。2.2 节梳理了全要素生产率及其波动的相关文献。首先，不少经济学者通过分析我国 TFP 增长率的波动趋势得出波动幅度较为剧烈的现象；然后，对既有文献中应用较多的测度 TFP 的方法进行归纳概括；接着，从影响经济增长和经济波动角度，总结了 TFP 波动的经济效应；最后，将 TFP 波动的因素分解为技术进步、规模效率和要素配置效率及其各子项的影响因素。2.3 节分别从劳动力要素流动摩擦的视角和信贷摩擦影响宏观经济波动的传导机制中探寻可以引起 TFP 波动的因素和冲击。

总体来看，国内外学者在要素错配以及要素错配对经济发展的影响方面做出了大量卓有成效的研究与探索，并取得了显著的成果。一方面为我们研究经济效率损失和经济发展中存在的问题提供了新视角；另一方面，有助于我们从另外的思路研究经济波动。但是，已有文献依然存在不足之处。

第一，尽管已有很多文献研究要素错配对经济增长的影响，但从要素错配的视角分析经济波动的比较少。现阶段，研究经济波动的原因以及传导机制不仅成为一个极具紧迫性的理论课题，而且也具有重要的现实意义。第二，对于经济波动的研究，目前文献多从 GDP、消费和就业等宏观经济变量去趋势后的波动部分来表达，却鲜有从全要素生产率的波动来分析，张自然（2013）[96] 的研究表明全要素生产率的波动与经济增长的波动具有高度相关性，以及大量文献佐证了全要素生产率对经济的显著贡献，所以通过研究全要素生产率的波动寻找当前宏观经济稳定增长的政策建议是合理且有效的。第三，陈凯迹和宋铮（Chen and Song，2011）[226] 是仅有的从信贷摩擦研究全要素生产率波动的文章，却并未考虑地区和行业政策体制的差异，而且只研究了资本要素。因此，本书是首次尝试从地区和行业两个维度验证资本和劳动力流动摩擦引起全要素生产率波动的传导机制，并根据外部冲击的选择条件，选取适合地区和行业的冲击，观察对要素流动的作用，进而引起全要素生产率波动的动态过程。文献中多为要素错配对 TFP 的静态作用，缺乏要素动态配置对 TFP 的波动作用研究。第四，要素错配是不争的事实，而且也多有文献证实了不同所有制企业之间的要素错配造成了全要素生产率的损失，但鲜有研究对不同所有制企业资本和劳动力的要素错配程度进行量化分析。因此，利用合理的方法和时间跨度的数据对转型期我国国有企业与非国有企业要素错配系数进行测算，具有重要的理论与现实意义。第五，我国政府采取"渐进式改革"方式，计划经济时期一系列的制度安排（如户籍制度、单位制度、优先发展战略、赶超战略、体制转轨等）内生出各种要素市场扭曲行为，这使得我国要素市场在地区间、地区内、行业间、行业内都存在多重且长期的配置偏误。因此，从制度性根源入手深入研究要素市场错配对 TFP 波动的作用机理是一个非常复杂且很有难度的崭新课题。

鉴于此，本书的研究工作主要围绕以下几个方面展开：

第一，基于要素错配视角系统，完整地分析 TFP 波动的传导机制。填补理论界在这一研究领域的空白，丰富现有的关于探索经济波动根源的理论成果研究。

第二，引入税收楔子定义要素错配系数，并代入 TFP 波动的结构分解式，探究技术进步、要素错配及产出份额变动三个子项对 TFP 波动的贡献。

第三，在地区和行业两个维度上，对随着要素错配恶化程度加深，全要素生产率波动幅度加剧的假说进行严格的经验检验。

3

要素错配与全要素生产率波动的
理论分析框架

　　为了应对我国经济近些年增长速度放缓的同时经济波动幅度有所增加的不利局面,本书尝试从全要素生产率的视角对经济波动加以深入剖析,即经济波动幅度的增加表现为全要素生产率的波动性增加,在统计学上反映为不同企业全要素生产率增长率的离散程度增加(Asker et al.,2014;De Loeker and Goldberg,2013)[227-228],而全要素生产率的波动加剧势必引致企业面临需求的不确定性进而影响企业的投资决策,从而将对经济增长产生抑制效应。因而,有效降低全要素生产率的波动,对处于调整期的中国经济新常态具有极为重要的理论与现实意义。根据已有文献,有关影响全要素生产率波动因素的研究多从对 TFP 进行结构分解的视角切入,得出技术进步效应与要素配置效应是 TFP 波动的重要贡献项。我国由计划经济向市场经济转型的渐进式改革进程中,要素市场因受到行政干预而致使市场的调节与配置资源的功能难以发挥作用,要素配置严重失调,而随着制度变迁,要素重新配置,要素错配程度也将发生改变。由此可以预见到，要素错配程度的改变可能是造成全要素生产率波动的重要影响因素。本书在第 2 章梳理相关文献过程中发现已有大量研究涉及要素错配的经济影响效应，并取得了较为丰富的成果，但仍然存在一些不足。第一，已有文献多从技术进步角度研究如何提高经济增长质量，基于要素配置视角的研究才开始兴起；第二，既有研究要素错配经济效应的文献基本上是基于"追赶"经济理论，即降低要素错配程度有助于全要素生产率的向上波动，但却较少讨论对全要素生产率波动幅度的影响；第三，文献中多见要素错配与全要素生产率的静态分析，缺乏系统的理论剖析和动态传导机制的描述。

针对既有文献中的缺陷，本书拟沿着要素错配影响全要素生产率波动的路径展开研究，最大程度弥补相关文献的不足之处。具体思路如下：首先，基于要素错配的事实，将经济体中的企业分为资源约束型与资源充裕型两类。通过构建基准数理模型，观察要素在两类企业之间重置对总体 TFP 波动的影响。其次，将垄断、市场分割等影响要素配置的流动摩擦设定为税收楔子，基于谢长泰和可莱诺（2009）[11]，给出测度要素错配程度的数理表达式，并进一步借鉴赛奎因（1986）[20]关于全要素生产率的结构分解式，推导出要素重置及错配程度改变对 TFP 波动贡献的数理模型。最后，从初始制度安排到制度变迁系统分析了我国要素错配存在的事实以及成因，从中识别出能够引起要素错配程度改变的外部冲击。从理论层面上剖析地区和行业双重维度上，外部冲击如何通过改变要素错配进而引致经济运行偏离新古典经济学构造的最优状态，造成全要素生产率在均衡点附近波动的作用机制并提出有待验证的假说。

3.1 理论基础

3.1.1 基准数理模型

为了验证要素错配确实能够对全要素生产率的波动产生影响，本书首先提出一个理论基础：当资源有效配置时，要素的价格完全由其稀缺程度来决定，等于相应的边际收益。然而存在要素错配时，经济体中就会存在要素边际收益大于要素价格的企业以及要素边际收益小于要素价格的企业。显然，从利润最大化的角度，前者必然密集地使用该种要素，而相应的，后者则会减少此要素的投入，转而选择其他替代性要素甚至做出减产的决策。要素之所以存在错配，便是因为众多外部性干预致使要素无法自由流动。本书借鉴沙里等人（2002）[153]的方法，将造成要素流动摩擦的因素通过企业面临的要素价格偏离完全竞争下要素价格的部分用 τ_i 来表示。当 $\tau_i > 0$ 时，说明企业获得要素的价格高于完全竞争时的价格，我们将其归类为受资源约束型企业；当 $\tau_i < 0$ 时，表示企业获得要素的价格相对较低，相当于对使用该要素进行了补贴，密集使用该项要素的企业，设定为要素充裕型企业。假设两类企业均以规模报酬不变的 C-D 函数进行生产，则有：

$$Y_{it} = A_{it} K_{it}^{\alpha_i} L_{it}^{\beta_i} \tag{3-1}$$

其中，A_{it} 表示企业 i 时期 t 的全要素生产率，K_{it} 和 L_{it} 分别代表资本和劳动两种投入要素，α_i 和 β_i 为资本和劳动的产出弹性，在规模报酬不变的前提下，完全竞争市场利润最大化的条件下，资本和劳动的产出弹性等于其产出份额（Solow，1957；章上峰，2011）[4][229]。

假设资源约束类企业进行项目生产时，除自有资本以外，面临融资缺口 $D(K_{it})$，提供借款方为了防范违约的风险，设计借款偿还激励机制为在期初借款，期末偿还，则利息为零；如当期不能还款，提供借款方就有权获得 $t+1$ 期资源约束企业的剩余资产 a_{it+1} 和该项目的经营权，但项目的价值为原有项目价值的 ϕ 倍，$\phi < 1$ 说明项目只有在原来的经营者手中才能发挥其价值，其他经营者都会有一定的效率损失。提供借款企业风险中性，折现率为 φ，s_t 是状态变量，代表 t 时期的经济状况，r_t 是自有资本成本，δ 代表资本的折旧率，w_t 是劳动力的工资水平，$E_t[\hat{V}_i(s_{t+1})]$ 表示 $t+1$ 期该项目的价值期望。那么，资源约束类企业违约的情况下，资源充裕型企业的价值函数为：

$$\hat{V}_i(s_t) = \max P_{it}Y_{it} - (r_t + \delta)K_{it} - w_t L_{it} + \varphi\phi E_t[\hat{V}_i(s_{t+1})]$$

$$(3-2)$$

$$\text{s. t. } D(K_{it}) \leqslant \varphi E_t[q_{t+1}a_{it+1} + \phi\hat{V}(s_{t+1})] \qquad (3-3)$$

约束条件（3-3）表示资源约束类企业在当期还款的激励机制，即还款额不大于违约情况下借出方能收回的价值。该价值包括两部分，一部分是项目未来价值的折现值，另一部分是资源约束企业的剩余资产 a_{it+1}，资产价格为 q_{t+1}。

企业在 t 期作出关于要素的投入量与资本的积累额的决策时面临的预算约束为：

$$c_{it} + q_t(a_{it+1} - a_{it}) + r_t(K_{it} - a_{it}) + \delta q_t K_{it} + w_t l_{it} = P_{it}Y_{it}$$

$$(3-4)$$

式（3-4）右边部分是企业 i 在 t 时期的收益，左边部分表示企业的支出，c_{it} 代表当期的消费，r_t 和 w_t 分别是资本价格和工资率，δ 是资本折旧率，$K_{it} - a_{it} > 0$ 表示企业生产所需的资本投入大于当期自有资本，需要从融资市场借款。如果符号相反，表示企业可在资本市场上借出资本，则企业的价值函数表示成贝尔曼方程形式为：

$$V(a_{it}, s_t) \equiv \max \log c_{it} + \beta E_t [V(a_{it+1}, s_{t+1})] \qquad (3-5)$$

在式（3-3）、式（3-4）的约束下，解得一阶条件为：

$$\frac{1}{c_{it}} = \lambda_{it} \qquad (3-6)$$

$$\lambda_{it} q_t = \beta_i E_t [V_a(a_{it+1}, s_{t+1})] + \gamma_{it} \beta E_t [q_{t+1}] + \zeta_{it} \qquad (3-7)$$

$$MRPK_{it} = r_t + \delta q_t + \frac{\gamma_{it}}{\lambda_{it}} D'(K_{it}) \qquad (3-8)$$

$$MRPL_{it} = w_t \qquad (3-9)$$

式（3-6）~式（3-9）中：γ_{it}、λ_{it}、ζ_{it} 分别是式（3-3）、式（3-4）以及自有资产不小于零三个约束条件的拉格朗日乘数，$MRPK_{it}$ 和 $MRPL_{it}$ 是资本和劳动投入要素的边际收益率，由企业总收益分别关于资本和劳动求偏导得出：

$$MRPK_{it} = \frac{\partial(P_{it} Y_{it})}{\partial K_{it}} = \frac{\alpha_i P_{it} Y_{it}}{K_{it}} \qquad (3-10)$$

$$MRPL_{it} = \frac{\partial(P_{it} Y_{it})}{\partial L_{it}} = \frac{\beta_i P_{it} Y_{it}}{L_{it}} \qquad (3-11)$$

式（3-10）和式（3-11）分别决定了经济体中资本和劳动要素投入的最优配置，异质性企业具有不同的资本边际收益率和劳动边际收益率，从而导致要素在不同企业之间进行重新配置，直至不同企业之间的要素边际收益率趋于一致。本书中先假设仅存在资本要素错配，如式（3-8）所示，而假若资本错配消失，式（3-3）的借款约束条件将放开，$\gamma_{it} = 0$，则 $MRPK_{it} = r_t + \delta q_t$，企业价值方程的包络条件为：

$$V_a(a_{it+1}, s_{t+1}) = \lambda_{it}(q_t + r_t) \qquad (3-12)$$

结合式（3-6）、式（3-7）、式（3-12），有：

$$\frac{q_t}{c_{it}} = \beta_i E_t \left[\frac{q_{t+1} + r_{t+1}}{c_{it+1}} \right] + \gamma_{it} \beta E_t [q_{t+1}] + \zeta_{it} \qquad (3-13)$$

自有资产不小于零的条件同时满足时，$\gamma_{it} = \zeta_{it} = 0$，式（3-13）即可简化为关于资本价格标准的欧拉方程。同理，劳动力市场存在流动摩擦，企业之间劳动力要素的边际收益率也会出现差异。将经济体中资源约束型企业的产值份额设定为 ψ，资源充裕型企业的产值份额为 $1-\psi$。那么，两类企业加总的生产函数表示为：

$$Y_t = TFP_t F(K_t, L_t) = \psi Z_t F(K_t^c, L_t^c) + (1-\psi) Z_t F(K_t^u, L_t^u)$$

$$(3-14)$$

其中，$K_t = \psi K_t^c + (1-\psi) K_t^u$ 表示总资本，$L_{it} = \psi L_t^c + (1-\psi) L_t^u$ 表示总劳动力要素。

$$TFP_t \equiv [\psi Z_t F(K_t^c, L_t^c) + (1-\psi) Z_t F(K_t^u, L_t^u)] / F(K_t, L_t)$$

$$(3-15)$$

表示总体全要素生产率。资本从资源充裕型企业流动到要素约束型企业的边际效应是式（3-15）两边分别对 k_t^c 求偏导的结果，则有：

$$\frac{\partial TFP_t}{\partial K_t^c} = \frac{\psi Z_t [F'_{K_t^c}(K_t^c, L_t^c) - F'_{K_t^c}(K_t^u, L_t^u)]}{F(K_t)} \qquad (3-16)$$

$$\frac{\partial TFP_t}{\partial L_t^c} = \frac{\psi Z_t [F'_{L_t^c}(K_t^c, L_t^c) - F'_{L_t^c}(K_t^u, L_t^u)]}{F(L_t)} \qquad (3-17)$$

由于受资源约束厂商的资本边际生产率大于资源充裕型企业，在式（3-16）中就有 $F'_{K_t^c}(K_t^c, L_t^c) - F'_{K_t^c}(K_t^u, L_t^u) > 0$，则有 $\frac{\partial TFP_t}{\partial K_t^c} > 0$，表明在要素边际生产率不同的经济体中，受到外部冲击时资本将会在企业之间发生流动。如果外部冲击引致资本从资源富裕企业流动到资源约束企业，那么总体经济的全要素生产率向上波动。相反，外部冲击致使资本要素从资源约束企业流动到资源丰裕企业时，总体全要素生产率向下波动。同理，由式（3-17）可知，劳动力要素从资源充裕企业流动到要素约束企业，总体 TFP 向上波动，劳动力要素从资源约束企业流动到要素富裕型企业，总体 TFP 向下波动。

基于以上数理模型，我们能够推断资本和劳动力在资源充裕型企业和资源约束类企业之间的重新配置将引起 TFP 的波动且要素流动的方向决定了 TFP 波动的方向。若进一步探究要素错配程度的改变对 TFP 波动的贡献大小，就要采用 TFP 波动的结构分解模型，我们将在下一节详细展开。

3.1.2　全要素生产率波动的结构分解

由式（3-10）、式（3-11）可知，w 和 $r+\delta$ 是完全竞争市场中劳动力和资本的价格，P_i 是最终产品价格，τ_{Ki} 和 τ_{Li} 分别是企业 i 的资本和劳动力要素所面临的价格税收楔子，为了简单起见，未考虑时间因素 t，则有：

$$P_i\alpha_iY_i/K_i = (1+\tau_{Ki})(r+\delta) \tag{3-18}$$

$$P_i\beta_iY_i/L_i = (1+\tau_{Li})w \tag{3-19}$$

行业（地区）的总产量等于各企业的产量之和，将最终产品价格标准化为 1，于是加总的生产函数为：

$$Y = \sum P_iY_i \tag{3-20}$$

同时，假设资本和劳动力要素的数量是外生给定，即存在两个约束条件：

$$\sum K_i = K \tag{3-21}$$

$$\sum L_i = L \tag{3-22}$$

P_iY_i 是企业 i 的产出，那么，企业 i 在整体行业（地区）的产出

份额为 s_i：

$$s_i = P_i Y_i / Y \qquad (3-23)$$

由式（3-18）~式（3-23）代入整理得：

$$K_i = \frac{s_i \alpha_i / (1 + \tau_{Ki})}{\sum\limits_j s_j \alpha_j / (1 + \tau_{Kj})} K \qquad (3-24)$$

$$L_i = \frac{s_i \beta_i / (1 + \tau_{Li})}{\sum\limits_j s_j \beta_j / (1 + \tau_{Lj})} L \qquad (3-25)$$

其中，$s_i \alpha_i (s_i \beta_i)$ 为企业 i 的资本（劳动力）产出弹性与该企业产出在所在行业或地区的产出中所占份额的乘积，根据钱纳里等人（Chenery et al., 1986）[230] 的研究，有行业（地区）的要素产出弹性可以表示为以企业的产出份额为权重的产出弹性的加权平均和：

$$\alpha = \sum s_i \alpha_i \qquad (3-26)$$

$$\beta = \sum s_i \beta_i \qquad (3-27)$$

那么，式（3-24）和式（3-25）可进一步表示为：

$$K_i = \frac{s_i \alpha_i}{\alpha} K \left(\frac{1/(1 + \tau_{Ki})}{\sum\limits_j \frac{s_j \alpha_j}{\alpha} / (1 + \tau_{Kj})} \right) \qquad (3-28)$$

$$L_i = \frac{s_i \beta_i}{\beta} L \left(\frac{1/(1 + \tau_{Li})}{\sum\limits_j \frac{s_j \beta_j}{\beta} / (1 + \tau_{Lj})} \right) \qquad (3-29)$$

令 $\dfrac{1/(1 + \tau_{fi})}{\sum\limits_j \frac{s_j \alpha_j}{\alpha} / (1 + \tau_{fj})} = \eta_{fi} (f = K, L)$，则：

$$\eta_{Ki} = \frac{K_i / K}{s_i \alpha_i / \alpha} \qquad (3-30)$$

$$\eta_{Li} = \frac{L_i / L}{s_i \beta_i / \beta} \qquad (3-31)$$

当 $\tau_{fi} = 0$，$\eta_{fi} = 1$，表示企业 i 资本的投入比例（K_i/K）同有效配置比例（$s_i\alpha_i/\alpha$）相等，劳动要素同理。否则，企业要素投入偏离了最优配置状态，η_{fi} 为企业 i 的要素错配系数。

将式（3 - 30）和式（3 - 31）代入式（3 - 1），则：

$$Y_i = A_i \left(\frac{s_i\alpha_i}{\alpha} \eta_{Ki} K \right)^{\alpha_i} \left(\frac{s_i\beta_i}{\beta} \eta_{Li} L \right)^{\beta_i} \quad (3 - 32)$$

代入时间 t，两边取对数并整理得：

$$\ln Y_{it} = \ln A_{it} + \ln \left(\frac{s_i\alpha_i}{\alpha} \right)^{\alpha_i} + \alpha_i \ln \eta_{Kit} + \alpha_i \ln K_{it}$$
$$+ \ln \left(\frac{s_i\beta_i}{\beta} \right)^{\beta_i} + \beta_i \ln \eta_{Lit} + \beta_i \ln L_{it} \quad (3 - 33)$$

那么，行业（地区）产出的增长率可以表示为以企业产出占行业或地区产出的份额为权重的企业增长率的加权平均和：

$$\Delta \ln Y_t = \sum_{i=1}^{n} s_{it} \Delta \ln Y_{it} \quad (3 - 34)$$

根据索罗余值法，将全要素生产率的波动表示为：

$$\Delta \ln TFP_t = \Delta \ln \frac{Y_t}{K_t^{\alpha} L_t^{\beta}}$$
$$= \sum_{i=1}^{n} s_{it} \Delta (\ln Y_{it} - \alpha_{it} \ln K_{it} - \beta_{it} \ln L_{it}) \quad (3 - 35)$$

将式（3 - 33）代入式（3 - 35），有：

$$\Delta \ln TFP_t = \sum_{i=1}^{n} s_{it} \Delta \left(\left(\ln A_{it} + \ln \left(\frac{s_i\alpha_i}{\alpha} \right)^{\alpha_i} + \alpha_i \ln \eta_{Kit} + \alpha_i \ln K_{it} \right. \right.$$
$$\left. \left. + \ln \left(\frac{s_i\beta_i}{\beta} \right)^{\beta_i} + \beta_i \ln \eta_{Lit} + \beta_i \ln L_{it} \right) - \alpha_i \ln K_{it} - \beta_i \ln L_{it} \right)$$
$$= \sum_{i=1}^{n} s_{it} \Delta \ln A_{it} + \sum_{i=1}^{n} s_{it} \Delta \ln \left(\frac{s_i\alpha_i}{\alpha} \right)^{\alpha_i} \left(\frac{s_i\beta_i}{\beta} \right)^{\beta_i}$$

$$+ \sum_{i=1}^{n} s_{it} \Delta(\alpha_i \ln \eta_{Kit} + \beta_i \ln \eta_{Lit})$$

$$= \underbrace{\sum_{i=1}^{n} s_{it} \Delta \ln A_{it}}_{(A)} + \underbrace{\sum_{i=1}^{n} s_{it} \ln(s_{it}/s_{it-1})}_{(B)} + \underbrace{\sum_{i=1}^{n} s_{it} \Delta(\alpha_i \ln \eta_{Kit} + \beta_i \ln \eta_{Lit})}_{(C)}$$

$$(3-36)$$

式（3-36）中：（A）项为各企业 TFP 的变化率之和，表示技术进步效应；（B）项为企业产出份额的变化率之和；（C）项为各企业要素误置系数之和。三项和为地区（行业）总 TFP 的波动，其中，后两项之和代表要素重置效应，与赛奎因（1986）[153]不同的是本书将模型中的要素重置效应进一步分解为产出份额变化率和要素误置系数变化率两个部分，为后文测算资本和劳动力要素错配系数改变对 TFP 波动的贡献提供理论基础。

为了研究地区和行业层面要素错配对全要素生产率波动的影响，如何准确测度地区和行业要素错配程度尤为关键。在式（3-30）和式（3-31）已经推出企业资本和劳动力错配系数的基础上，借鉴福斯特等人（2008）[231]以及谢长泰和可莱诺（2009）[11]的研究，采用企业之间要素收益率 TFPR 的离差表示地区（行业）的要素错配程度，企业 $TFPR_{it}$ 可表示为：

$$TFPR_{it} = \frac{p_{it} y_{it}}{\left(\dfrac{s_i \alpha_i}{\alpha} \eta_{ik} k_t\right)^{\alpha} \left(\dfrac{s_i \beta_i}{\beta} \eta_{il} l_t\right)^{\beta}} \qquad (3-37)$$

将式（3-10）和式（3-11）代入式（3-37），则：

$$TFPR_{it} = \frac{p_{it} y_{it}}{\left(\dfrac{\alpha_i p_{it} y_{it}}{MRPK_{it}}\right)^{\alpha} \left(\dfrac{\beta_i p_{it} y_{it}}{MRPL_{it}}\right)^{\beta}} \qquad (3-38)$$

整理后，有：

$$TFPR_{it} = (MRPK_{it})^{\alpha}(MRPL_{it})^{\beta} \qquad (3-39)$$

故不同类型企业之间全要素生产率的差异用各自要素收益率的比值可以表示为：

$$\frac{TFPR_{ct}}{TFPR_{ut}} = \left(\frac{MRPK_{ct}}{MRPK_{ut}}\right)^{\alpha}\left(\frac{MRPL_{ct}}{MRPL_{ut}}\right)^{\beta} \qquad (3-40)$$

完全竞争市场中，企业之间的要素边际生产率相等，资本和劳动力要素收益率在各个经济体均趋同。如果$\frac{MRPK_{ct}}{MRPK_{ut}}$或者$\frac{MRPL_{ct}}{MRPL_{ut}}$不为 1，则企业之间要素收益率不相等，说明存在要素错配，且要素生产率的差异越大，代表要素错配程度越大。为了简化运算，根据式（3-40）的逻辑，本章将使用经济体中所有企业的要素收益率的标准差来表示要素错配程度，具体如下：

$$Std.(\log(TFPR_{it})) = (Std.(\log(p_{it}y_{it}) - \log(k_{it})))^{\alpha}$$
$$\times (Std.(\log(p_{it}y_{it}) - \log(l_{it})))^{\beta}$$

$$(3-41)$$

3.2 要素错配对 TFP 波动的影响机理剖析与相关假说

本章第3.1节通过构建理论模型，首先考察了要素错配程度改变对 TFP 波动方向的影响，然后对 TFP 波动进行结构分解，推导出要素流动错配系数的变化对 TFP 波动幅度的贡献，最后在企业资本和劳动力要素错配系数的基础上，给出了地区（行业）层面要素错配程度的测算公式。本节从我国初始制度安排到制度变迁对要素市场的干预来系统分析要素错配的形成原因，并从中识别出能够引起要素错配程度改变的外部冲击，并对外部冲击如何通过改变要素错配程度引起全要素生产率波动的传导机制进行理论剖析，进而提出有待检验的假说。考虑到宏观的经济变动可以看作地区波动和行业波动的综合效果，本节分别从地区和行业视角研究要素错配对 TFP 波动的影响机制。

3.2.1 地区层面要素错配与全要素生产率波动

对于西方国家来说，由于长时期的高度市场化，资源在不同经济主体之间的配置基本上由市场来决定，相应地，政府在经济发展中所扮演的角色一般是政策和标准的制定者以及公共产品服务的提供者，政府对于要素价格和配置的影响较弱。要素配置偏误主要源于市场失灵本身，包括垄断、外部性、信息不对称等因素（沈春苗，郑江淮，2015）[232]。罗兰 - 霍斯特（Roland - Holst，1995）[233] 以及费舍尔和瓦西克（Fisher and Waschik，2000）[234] 的研究发现，发达国家的工会势力非常强大，企业受到外部经济环境的冲击需要减少员工数量，但在一定程度上受制于工会的阻碍而无法根据市场进行调整，且工会这一市场组织会保护雇员的利益，致使工资高于市场出清状态下的工资水平，造成劳动力市场竞争不完全。

然而在中国，改革开放四十年经历了由计划经济向市场经济转型的发展路径，在渐进式改革初期，市场规则的不一致以及法律制度不健全，各类市场主体发展较慢、力量较弱，政府成为经济发展中具有决定作用的参与者，逐步形成了政府主导型市场经济。在转轨经济发展中，政府所实施的户籍制度以及"渐进式改革"和"体制转轨"等一系列非均衡制度，造成了我国要素市场的错配。新中国成立初期为了实现赶超战略，我国政府优先发展重工业，并作出了以 1958 年《中华人民共和国户口登记条例》为基础的"重工轻农"的制度安排，由此全国被制度性地分割为农村和城市两种发展模式，户籍制度严格限制农村劳动力向城市流动，形成城乡二元结构。改革开放后，城市的快速发展需要大量劳动力的投入，政府也逐步放开了农业户口劳动力向城市的转移，但是又出现了新的二元劳动力市场分割，原因是"单位分配"制度的实施。城市"非农"人口和大中专毕业生由国家统一分配，就业岗位大多为政府事业单位和国有企业部门，工作相对比较稳定，工资福利较高。而与之对应的是，农民工等拥有农村户口的劳动力以及在私营等非公有企业就业的人员，工资完全由市场的供求关系决定，属于体制外劳动力市场。劳动力市场的户籍制度性分割和市场管制等特点，造成地区间和地区内劳动力要素跨部门流动存在摩擦。不同地区，制度性分割力度与管制范围的差异也在不同程度上限制了要素的流动。就资本要素而言，中央政府从第一个"五年计划"开始推动重工业优先发展的赶超战略，大量的优惠政策向东北地区倾斜，低于边际成本的要素价格带来了经济的增长，与此同时也引起了经济波动；1978 年以来的改革开放政策在促进东部沿海地区快速发展的同时，对全国起到领头羊的作用，高要素回报率吸引了大量优势资源，经济增长迅猛；随后，在平衡发展战略部署下，为支持西部大开发，政府通过行政干预，加大对中西部地区的基础设施建设并鼓励要素的流动。政策主导的发展模式导致资本要素在不同地区出现了阶段性的要素错配状态。

要素市场错配具有路径依赖的特点，随着改革的深化，要素错配程度也在不断修正，但现行的财政分权财税体制和民主集中制的政治体制最终"锁定"了目前要素市场的局面。一方面，民主集中制和财政分权制度下财权和事权的不对等以及中央政府的转移支付制度导致了地方政府投资的"软约束"。另一方面，政府官员的晋升"锦标赛"竞争将地方生产总值的增长率作为考核官员的主要指标，地方官员在政绩考核的压力下有短期提高地方经济增长的动力，而我国现阶段创新激励机制不够健全，且投资回报相对较长的特征导致企业研发投入不足，故地方政府通过技术进步促进经济增长的效果不佳，但由于政府拥有当地生产要素的定价权和配置权，通过扭曲要素价格招商引资，鼓励所扶植的重点行业或者企业扩大生产规模，实现提升经济水平的目的，以提高自身在晋升"锦标赛"中的得分。结合我国《党政领导干部职务任期暂行规定》，"党政领导职务每个任期为5年"，"党政领导干部在同一职位上连续任职达到两个任期，不再推荐、提名或者任命担任同一职务"，说明对政府官员的政绩考核具有周期性，那么，地方政府对要素市场的行政干预力度可能也存在周期性。

诸多研究观察到了政治经济性周期（political business cycle，PBC）。对于PBC的解释，诺德豪斯（Nordhaus，1975）[237]最早提出一个完整的政治经济周期是源于机会主义者在选举前的操纵，任期末采用扩张性的货币政策刺激经济，大选期间经济扩张带来失业率下降、通货膨胀率上涨，大选过后倾向于采用紧缩性的货币政策。希布斯（Hibbs，1977）[238]认为政府换届在多党制国家意味着政党轮流执政，由于不同党派的宏观经济目标不同，经济政策的周期性更迭造成经济波动。对于中国而言，多从制度性根源出发，基于政府行为视角探讨经济波动的政治周期性。靳来群（2015）[239]、刘瑞明和白永秀（2007）[208]得出，中国经济波动的本质是政府主导型的经济周期，陈卫东和苗文龙（2010）[240]、蒋伏心和林江（2010）[241]、郭庆旺和赵旭杰（2012）[212]均得出"两会"召开周期与经济波动周期之间存在较显著的相关性。从"政治敏感时期"维稳的目标出发，聂辉华和王梦琦（2014）[242]通过构建最优反腐败力度的理论模型，发现全国和地方"两会"期间，反腐败力度显著减弱，官员腐败是地方政府短期化行为的决定因素和经济波动的重要来源（李猛和沈坤荣，2010）[211]。梅冬州等（2014）[210]以政府对官员监察力度变化为基础分析政治周期对经济波动的作用，研究得出党代会召开之前政府对官员监察力度增大，致使地方政府财政支出总量受到限制，固定资产投资和经济增长速度下滑。通过对国内外既有研究进行梳理，我们推断政府换届与经济波动之间确实存在一定的联系，却鲜有以地方政府对要素市场行政干预程度为传导机制来分析政府换届引起的经济波动。

对于地方政府周期的确认，以地方各级的"党代会"或者"两会"的召开为标志，中国政府换届周期为每五年一次，本书将周期内的五年称为党代会召开的前两年、党代会召开的前一年、党代会召开的当年、党代会召开的后一年和党代会召开的后两年。那么政府换届作为周期性的外部冲击，究竟会在周期内的哪一年对要素错配程度产生影响呢？一方面，政府换届意味着一部分地方政府官员将卸任或升迁，离开目前岗位，由新任官员接任。新官员为追逐政绩考核目标，有更大的动力出台有利于增加短期项目投资的政策，以促进地区经济较快增长，对地方经济利好的消息可以看作正向的信息冲击，未来投资增加对资源约束型企业的要素约束程度可能会有潜在的改善作用，进而提高资源约束型企业的未来收益率，该消息冲击可能会引致要素从资源充裕型企业流动到要素约束型企业，要素错配程度降低。另一方面，政府在干预经济力度加大的情形下，鼓励能在短期内创造产出的项目进行投资，国有企业往往兼有政策性的功能，对于国有企业的补贴和扶持可能会导致要素进一步集中于资源充裕型企业，要素的错配程度加剧。地方政府官员在党代会召开的后一年和后两年，有更大动力通过扭曲要素加快投资以促进地方经济较快增长，要素错配程度的变化可能较为明显；而在党代会召开的前一年和前两年，增加当地投资引发的经济增长将被算作接任者的政绩，因而在任官员投资于促进经济增长的短期项目的动力大为减弱，对要素重置的干预作用可能降低。基于此，我们选取地方政府换届作为外部冲击①，对于存在要素错配的地区，可能会通过引起地区内要素的重置，表现为要素错配程度的改变，进而导致全要素生产率发生波动。也就是说，要素错配程度的改变是换届冲击引起 TFP 波动的传导机制。

假说一：政府换届冲击通过改变地区要素错配程度进而引起全要素生产率的波动。

根据要素的边际报酬递减规律，资源约束型企业的要素边际生产率高于资源丰裕型企业，逐利原则下，要素从资源充裕型企业流动到资源约束型企业，地区总体全要素生产率向上波动。随着要素从充裕型企业流出，该类企业的要素生产率下降；对于要素流出的资源约束类企业，要素的生产率上升，区域内不同企业之间的全要素生产率的增长率的离散度下降，经济波动幅度降低。相反，党代会的召开激发了地方官员干预要素市场的动力，导致要素更加集聚于兼有政策性功能但生产率相对较低的国有企业。随着资源向资源充裕型企业集聚，区域内资源约束型企业获得要素投入的难度更大，扩大生产规模的可能性越小，就意味着无法将生产率较低的企业挤出市场，那么地区内企业全要素生产率的增长率的离散度更大，全要素生产率的波动幅度也就更显著。威廉姆森（Williamson，1990），克吕格尔（Krueger，1993）

---

① 由扩展的赛奎因（1986）TFP 指数分解可知，技术进步与要素错配系数改变均是引起 TFP 波动的因素，本书选择政府换届作为外部冲击是注意到该冲击可以滤掉技术进步效应对全要素生产率波动的贡献，重点分析要素错配与 TFP 波动之间的关系。

和罗德里克（Rodrik, 2002）[86-88]验证了劳动力要素摩擦与经济波动之间存在正向相关关系，由于受到户籍和土地制度的约束，劳动力的进一步转移受到阻碍，不同部门之间的非平衡增长带来经济波动。伯南克和格特勒（1989）[200]经过实证发现，区域内的信贷摩擦会加剧经济周期波动。地区内信贷市场发展滞后，外部融资升水将增加代理成本，进而影响当期的投资决策和未来的产出，于是放大了地区经济波动的效果。因此，根据上述分析并结合相关研究，本书提出假说二。

假说二：要素错配程度恶化导致地区层面总体 TFP 的波动性增加。

3.2.2 行业层面要素错配与全要素生产率波动

我们在 3.2.1 节讨论了外部冲击通过改变地区层面要素错配程度进而引起全要素生产率的波动，那么行业层面是否也存在相同的影响经济波动的路径呢？要素在行业层面的错配有什么特点？如何选取能引起行业全要素生产率波动的外部冲击？行业内要素错配程度的变化是外部冲击引起全要素生产率波动的传导机制吗？对于这些问题的回答就构成了本节内容。

国外文献中关于行业层面劳动力市场错配的理论有多林和皮奥利（Doering and Piore, 1971）[243]描述的劳动力市场二元分割理论，指的是劳动力要素在主要劳动力市场（正式员工）和次要劳动力市场（临时员工）之间的流动摩擦，正式员工所在的劳动力市场与非正式员工的劳动力市场在工资定价机制、福利、职位升迁及工作条件等方面存在非常大的差异，正式员工在主要劳动力市场内部可以自由流动，次要劳动力市场内部也是完全竞争的，人员流动自由且频繁，就业和工资完全由市场的供求关系决定。然而，临时员工向主要劳动力市场流动是存在障碍的，这样就造成主要劳动力市场和次要劳动力市场的二元分割，劳动力的边际生产率长期存在差异。刘易斯（1955）[133]描述发展中国家的二元经济结构理论是基于农村剩余劳动力无限供给的假设，整个经济可以划分为传统农业部门和现代工业部门，农业部门的生产率低于工业部门，当工业部门的资本积累超过劳动力时，劳动力要素变成稀缺资源，引起劳动力从农业部门流向工业部门，二元经济向一元结构转型。拉尼斯和费景汉（Ranis and Fei，1964）[244]则认为二元经济不会被替代，原因是未考虑农业部门与工业部门的均衡发展，即大量劳动力从农业部门流出，就会带来农业劳动生产率的提高，农产品价格上涨又会出现劳动力的回流，为了留住一部分农民工，工业部门会提高工资水平，这样，工业部门和农业部门之间平衡发展。约根森（Jorgenson，1967）[245]和托达罗（Todaro，1969）[246]从新古典主义视角分析了农业部门和工业部门人口迁移的现象，并提出引起劳动力流动的是预期工资差异而不是实际工资差异。对于资本要素的错配，多拉尔和魏尚进（2007）[138]采用中国2002~2004年的企业微观数据，经过实证发现中国的资本存在系统性错配，导致了不同所有制与不同行业之间的资本边际报酬率的差异，勃兰特等人（2009）[142]重点研究了中国制造业的资本配置，指出倘若降低制造业的资本错配程度，TFP将有一个大幅提升。

基于行业视角，我国存在明显的"竞争—垄断"① 二元分割。然

---

① 根据2004年国务院颁布的《国务院关于投资体制改革的决定》及其附件《政府核准的投资项目目录》等行政垄断法规，将172各工业行业划分为行政垄断行业和竞争性行业。作者根据设计中国式行政垄断的相关行政法规整理，得出行政垄断行业界定一览表中包括：采矿业，农副食品加工业，造纸及纸制品业，石油加工、炼焦及核燃料加工业，化学原料及化学制品制造业，非金属矿物制品业，黑色金属冶炼及压延加工业，有色金属冶炼及压延加工业，交通运输设备制造业，通信设备、计算机及其他电子设备制造业。

而，不同于西方发达国家，我国部分行业的垄断地位并非出于自然垄断，而是政府的发展战略。新中国成立后，赶超模式的影响下，中央政府优先发展重工业，对机械、石化、冶金、军工等工业施加市场进入壁垒（韩剑和郑秋玲，2014）[129]。随着 1992 年党的十四大的召开，我国明确提出了建立社会主义市场经济体制的改革目标，除了铁路、电力、邮政、电信、金融等直接关系到国计民生的行业仍然保持垄断外（王大鹏，2006）[247]，其他行业通过建立现代企业制度和引入非公有制经济竞争提高市场化水平，行业中传统的大型国有企业进行股份制改革，在竞争性市场上提高企业的生产率。对于邮电通信业、铁路、电信、金融等垄断行业，出台了《外资企业法》等一系列法律，限制非国有企业和外资企业进入，垄断行业由于受到政府的行政保护和政策扶植，免于市场竞争，故垄断行业的劳动力面临失业的风险较小，且垄断利润还可以提供较高的薪酬待遇，故该类行业的进入门槛较高，对劳动力要素有更大的吸引力；而退出机制的缺失，又降低了体制内员工努力工作的积极性，因而垄断行业的生产率低于竞争行业。劳动力进入或者退出垄断行业存在流动摩擦造成劳动力要素在行业层面的严重错配，由此形成二元分割市场，尤其是对垄断行业中的大型国有企业进行扶植和补贴，行业层面存在严重的要素错配。王文（2014）[248]经过实证分析发现劳动力要素在企业间的流动障碍是工业资源错配的重要来源；何里文和刘伟（2015）[249]的研究都认为是制度性藩篱阻碍劳动力在不同部门之间自由合理流动，造成"劳动力过剩"行业与"劳动力紧缺"行业共存的状态。韩国珍和李国璋（2015）[56]发现我国不同行业之间的要素错配程度存在很大差异，李承政等（2015）[250]基于 1995～2007 年浙江农村定点农户调查数据，实证得出如果降低农地的错配，农业总产出的提升将超过

20%；李静等（2012）[169]基于2007年中国工业企业的微观数据，实证发现若消除资本及劳动力的要素错配，工业企业的总量TFP将有望提高51%。邵挺（2010）[251]基于金融错配视角分析了企业所有制结构与资本回报率之间的关系，得出消除金融错配，GDP将提高2%~8%。叶文辉和楼栋玮（2014）[252]经实证结果表明要素错配水平下降一个单位，服务业产出将提升2.16%。

对于影响行业发展的外部冲击，我们同样选择政府换届，原因却不同于地区层面从官员晋升"锦标赛"展开分析。通过查阅历届党代会的报告，我们发现政府对行业的发展战略部署符合世界发展趋势和我国经济处于不同阶段的要求，并呈现出循序渐进的特点。考虑到研究样本时间跨度从1998~2007年，本节重点考察了中共第十五次、十六次和十七次全国代表大会的报告，1997年的报告指出坚持把农业放在经济工作的首位，加强农业基础设施建设和基础工业的发展。2002年中共十六大报告中提出要全面建设小康社会，走新型工业化道路，形成以高新技术为先导、基础产业和制造业为支撑的产业格局。更大程度上发挥市场在资源配置中的基础性作用，打破行业垄断，促进商品和生产要素在全国市场自由流动。2007年的中共十七大上胡锦涛同志提出建设创新型国家的发展战略，发展现代产业体系，重点发展信息、生物、新材料、航空航天等高新技术产业和装备制造业。因此，不难发现中共全国代表大会的报告就像是五年规划的"风向标"。

中共全国代表大会的报告通常是对上一个五年的工作总结和对下一个五年工作重心的安排部署，它反映了我国社会经济的发展阶段，同时也指引了产业结构变迁的方向；它所提及的行业在未来将会被重点关注、快速发展，未被"选中"的行业则相反。那么，一方面，根据行业要素错配程度逆周期（Song et al.，2011）[226]的特点，受资源约束型企业在党代会召开之前便会"闻风而动"。如果处于被党代会"选中"的行业，未来对于该行业的投资增加，资源约束型企业的调整成本（杨光等，2015）[253]降低，预期收益率提高，吸引要素更多地配置到该类企业，行业的要素错配程度下降；相反情况下，要素则更倾向于从资源约束型企业流出，行业的要素错配愈加严重。因而，党代会的召开会引起要素的流动。另一方面，根据党代会的报告，地方政府官员会积极调整产业政策与产业结构变迁的方向与力度，通过掌握有要素的配置权和定价权干预资源配置，导致要素更加集聚于重点发展的行业，而政府往往依赖此类行业中的国有企业发挥其政策性功能，将造成行业中要素配置于低生产率企业，错配程度加剧，总体全要素生产率向下波动。基于此，我们提出存在要素错配的地区，地方政府换届作为一种外部冲击，可能会通过引起行业内要素重新配置，改变要素的错配程度，进而导致全要素生产率发生波动，表现为行业层面的经济波动。也就是说，要素错配程度的改变是换届冲击引起 TFP 波动的传导机制，由此提出假设三。

假说三：政府换届冲击通过改变行业层面的要素错配程度进而引起全要素生产率的波动。

布埃拉等人（Buera et al.，2011）[254]认为高生产率企业的要素边际报酬率相对较高，资源会在逐利的特性下，从行业中低要素报酬率企业（资源充裕型）流动到高要素报酬率（受资源约束型）企业，根据边际生产率递减原理，高生产率企业随着要素投入量的增加，其要素的边际报酬率会随之下降至行业的平均水平，而低生产率企业随着要素的流出，要素的边际回报率提高，最终出现各企业之间的边际报酬率相等的结果。而现实中，之所以没有出现均衡状态是因为要素调整成本的存在（杨光等，2015）[253]。要素的调整成本，是指高生产率企业不能无成本地获得要素来扩大生产规模，换句话说，高要素回报率的企业在扩大生产规模时面临资源约束，因此不能扩大市场占有率，无法挤占行业中低生产率企业的市场份额。随着行业要素错配程度加剧，资源约束型企业获得要素投入的调整成本加大，扩大生产规模的可能性降低，给生产率较低的企业留下的市场空间增加，那么行业中不同企业之间全要素生产率的增长率的离散度更大，全要素生产率的波动更显著。由此提出有待检验的假说四：

假说四：要素错配程度加剧致使行业层面 TFP 的波动性增加。

3.3　本 章 小 结

本章基于地区和行业两个维度，构建了要素错配与全要素生产率波动的理论分析框架，力图揭示要素错配对 TFP 波动的影响机制。首先，基于要素错配的事实，将经济体中的企业分为资源充裕型企业和资源约束型企业，通过建立基准模型，发现要素从资源充裕型企业流动到受资源约束型企业，总体 TFP 向上波动；要素从资源约束型企业流动到资源充裕型企业，总体 TFP 向下波动。其次，在塞奎因（1986）[153]全要素生产率的结构分解式中引入影响要素配置的流动摩擦的税收楔子，进一步推导出要素错配程度变动对 TFP 波动的贡献。然后，结合谢长泰和可莱诺（2009）[11]的研究给出了测度要素错配程度的数理推导，通过计算其数值便可以测度要素的错配程度，并能够进一步分析其变化趋势。最后，基于劳动力的二元市场理论和资本的调整成本理论，分析了我国要素错配存在的事实以及成因，从中识别出能够引起要素错配程度改变的外部冲击为政府换届。进而从理论层面上剖析地区和行业双重维度上要素错配与全要素生产率波动之间的内在影响机理和传导机制，以及在要素错配的状态下，探明外部冲击如何通过引起要素的流动，致使经济运行偏离新古典经济学构造的最优状态，造成全要素生产率在均衡点附近波动的作用机制，且要素错配程度越大的地区（行业）全要素生产率的波动愈加剧烈。本章的研究为找到平抑全要素生产率波动的有效路径提供了理论依据。

4

要素错配与全要素生产率波动的
事实描述

    本书旨在从要素错配的视角研究全要素生产率波动的问题,而倘若不存在要素错配或者全要素生产率的波动较为平缓抑或是要素错配对全要素生产率波动的解释作用不足,那么我们就失去了研究的意义。所以,在确定此研究方向之前,本章内容先行判断了要素错配的基本事实及全要素生产率的波动情况,进而保证后续工作能够沿着论证的路径有逻辑地展开。具体思路如下:首先,通过比较要素生产率与要素投入增长率的差异,初步判断地区和行业层面要素错配的事实特征;其次,将全国实际 GDP 与全要素生产率的变化趋势进行对比描述,并且分别从地区和行业两个维度考察全要素生产率的波动特点;最后,以 33 个大中型地级市和 39 个二位码工业行业为研究样本,在地区和行业两个维度考察要素错配程度与全要素生产率波动之间的相关性,初步对理论框架进行检验。

4.1 要素错配的基本事实

4.1.1 中国要素错配的事实描述

在完全有效市场，要素可以跨部门自由流动，企业进入或退出行业不存在壁垒。那么，要素在逐利属性支配下，由低生产率部门流向高生产率部门。生产率较高的一方由于要素流入，边际生产率下降；生产率低的一方则随着要素的流出，边际生产率提高。因此，最终的结果是不同部门之间要素的边际生产率趋于同一水平，要素错配消失，达到帕累托最优状态。现实中，要素流动摩擦的存在导致企业之间要素边际生产率出现差异。高生产率的企业往往受到资源限制而不能将生产规模扩大至合意水平，要素在低生产率企业却配置过剩，给总体生产率造成损失。

如果将每个地区（行业）看作一个经济体，那么根据上面的经济学逻辑分析，判断一个地区（行业）是否存在要素错配即可通过测度此地区中的企业之间是否遵循了要素生产率与投入要素增长率的匹配原则。不存在要素流动摩擦的情况下，要素会流转到生产率高的部门，那么，要素生产率与要素投入的增长率之间是同向关系。对资本生产率（Y/K）和劳动生产率（Y/L）的计算，涉及华东、东北、西北地区垄断行业与竞争行业的实际 GDP、固定资本存量和年末就业人数等指标 1978~2007 年度的数据，测算结果见表 4-1。

表4-1 三大地区垄断与竞争行业要素的生产率

年份	华东地区				东北地区				西北地区			
	垄断行业		竞争行业		垄断行业		竞争行业		垄断行业		竞争行业	
	资本生产率	劳动生产率	资本生产率	劳动生产率	资本生产率	劳动生产率	资本生产率	劳动生产率	资本生产率	劳动生产率	资本生产率	劳动生产率
1978	0.752	0.611	1.390	0.356	0.476	0.477	2.822	0.355	0.056	0.073	3.692	1.042
1979	0.715	0.604	1.618	0.361	0.457	0.457	3.163	0.352	0.264	0.350	1.779	0.469
1980	0.700	0.610	1.764	0.310	0.469	0.466	3.654	0.352	0.209	0.277	2.610	0.582
1981	0.623	0.568	2.108	0.316	0.439	0.440	3.808	0.339	0.248	0.333	2.220	0.409
1982	0.571	0.525	2.259	0.319	0.360	0.364	2.990	0.294	0.247	0.326	2.529	0.411
1983	0.543	0.515	2.377	0.349	0.448	0.465	3.803	0.383	0.298	0.396	2.369	0.249
1984	0.538	0.558	2.608	0.368	0.454	0.495	4.181	0.416	0.328	0.444	2.659	0.264
1985	0.604	0.643	2.586	0.377	0.461	0.511	3.938	0.456	0.404	0.547	2.404	0.240
1986	0.634	0.708	2.330	0.414	0.481	0.544	3.434	0.459	0.416	0.568	2.442	0.265
1987	0.593	0.705	2.300	0.442	0.478	0.562	3.575	0.519	0.421	0.586	2.517	0.282
1988	0.622	0.797	2.121	0.442	0.490	0.610	3.471	0.551	0.456	0.658	2.581	0.317

续表

年份	华东地区				东北地区				西北地区			
	垄断行业		竞争行业		垄断行业		竞争行业		垄断行业		竞争行业	
	资本生产率	劳动生产率	资本生产率	劳动生产率	资本生产率	劳动生产率	资本生产率	劳动生产率	资本生产率	劳动生产率	资本生产率	劳动生产率
1989	0.588	0.829	1.840	0.460	0.479	0.622	3.072	0.565	0.474	0.700	2.261	0.337
1990	0.595	0.874	1.716	0.460	0.474	0.630	2.845	0.552	0.499	0.742	2.072	0.345
1991	0.616	0.932	1.754	0.512	0.491	0.669	2.777	0.557	0.512	0.767	2.119	0.372
1992	0.675	1.074	1.926	0.615	0.502	0.714	2.932	0.610	0.536	0.835	2.138	0.401
1993	0.720	1.236	2.095	0.731	0.519	0.788	3.162	0.672	0.547	0.906	2.325	0.454
1994	0.767	1.482	2.057	0.815	0.566	0.883	2.839	0.713	0.573	0.956	2.205	0.398
1995	0.694	1.498	2.079	0.984	0.567	0.943	2.605	0.780	0.573	0.995	2.136	0.447
1996	0.708	1.667	1.940	1.060	0.643	1.176	2.307	0.765	0.555	1.057	2.219	0.493
1997	0.675	1.824	1.856	1.183	0.660	1.301	2.256	0.858	0.575	1.182	2.116	0.608
1998	0.557	2.012	1.911	1.303	0.551	1.521	2.718	1.066	0.464	1.199	2.553	0.645
1999	0.531	2.294	1.883	1.372	0.544	1.714	2.730	1.146	0.434	1.283	2.652	0.677

续表

年份	华东地区				东北地区				西北地区			
	垄断行业		竞争行业		垄断行业		竞争行业		垄断行业		竞争行业	
	资本生产率	劳动生产率	资本生产率	劳动生产率	资本生产率	劳动生产率	资本生产率	劳动生产率	资本生产率	劳动生产率	资本生产率	劳动生产率
2000	0.480	2.444	1.943	1.436	0.539	1.942	2.790	1.196	0.408	1.384	2.688	0.698
2001	0.471	2.829	1.950	1.591	0.530	2.180	2.817	1.333	0.407	1.606	2.644	0.763
2002	0.436	3.094	2.022	1.731	0.489	2.330	2.958	1.472	0.379	1.717	2.665	0.850
2003	0.424	3.466	2.070	1.884	0.484	2.644	2.983	1.580	0.374	1.925	2.616	0.921
2004	0.420	4.029	2.064	2.078	0.479	2.931	3.042	1.730	0.373	2.178	2.533	0.989
2005	0.387	4.350	2.054	2.224	0.459	3.197	3.000	1.821	0.363	2.373	2.526	1.026
2006	0.393	4.981	2.002	2.492	0.469	3.657	2.811	1.962	0.357	2.661	2.526	1.105
2007	0.385	5.462	2.004	2.723	0.459	4.086	2.644	2.165	0.348	2.908	2.570	1.200
1978~1983	0.650	0.572	1.919	0.330	0.441	0.445	3.373	0.346	0.220	0.292	2.533	0.527
1984~1989	0.596	0.707	2.298	0.402	0.474	0.557	3.612	0.494	0.416	0.584	2.477	0.284

续表

年份	华东地区				东北地区				西北地区			
	垄断行业		竞争行业		垄断行业		竞争行业		垄断行业		竞争行业	
	资本生产率	劳动生产率	资本生产率	劳动生产率	资本生产率	劳动生产率	资本生产率	劳动生产率	资本生产率	劳动生产率	资本生产率	劳动生产率
1990~1995	0.678	1.183	1.938	0.686	0.520	0.771	2.860	0.647	0.540	0.867	2.166	0.403
1996~2001	0.570	2.178	1.914	1.324	0.578	1.639	2.603	1.061	0.474	1.285	2.479	0.647
2002~2007	0.407	4.230	2.036	2.189	0.473	3.141	2.906	1.788	0.366	2.294	2.573	1.015

资料来源：《新中国六十年统计资料汇编》和《中国统计年鉴》1978~2007年各分册整理得到。

　　由表4-1可知，随着国民经济的不断发展，劳动力生产率无论在华东地区还是东北地区抑或是西北地区的垄断行业和竞争行业均呈现出增长趋势，且垄断部门的劳动生产率大于竞争部门；资本要素的生产率并没有表现出明显递增或者递减的趋势，值得注意的是资本在垄断部门的生产率远小于竞争部门。根据要素生产率与投入增长率的协同性原则，即行业的要素生产率越高，投入增长率相应也越高，对比分析了华东、东北和西北三地区中垄断行业与竞争行业的要素配置情况。以华东地区为例（见图4-1和图4-2），垄断行业资本的生产率呈波动下降的趋势，垄断行业资本的投入量却总体上向上波动；竞争行业资本投入的增长率自1998年以来有明

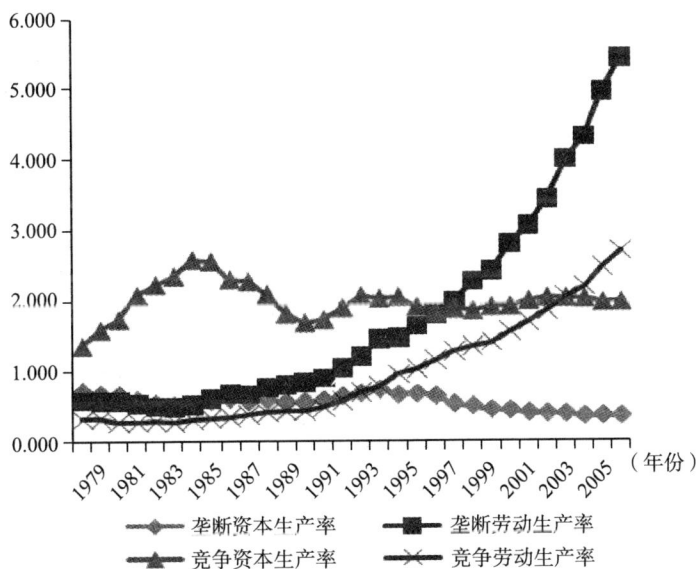

图4-1　1978~2007年华东地区垄断与竞争行业的资本和劳动力要素生产率

注：图中以1978年价格为基准。

资料来源：1978~2007年各年《中国统计年鉴》。

显的下降趋势，而生产率的变化轨迹较为平稳。垄断行业的资本要素投入增长率大于竞争部门，然而，资本的生产率却远小于竞争部门。由此可以推断华东地区垄断行业与竞争行业存在资本要素错配的情况。同理，我们发现劳动力的生产率在垄断和竞争行业都呈逐年上涨的趋势，且二者的差距逐年增大；但劳动力要素投入的增长率小幅向下波动，尤其在近期，劳动力在垄断行业的就业人数减少，与生产率呈反向变化。要素的投入增长率与生产率变化趋势不匹配的现象在东北与西北地区也同样存在，限于篇幅，不再做详细分析。基于得出的错配事实，我们将进一步测算代表性城市和行业的要素错配程度。

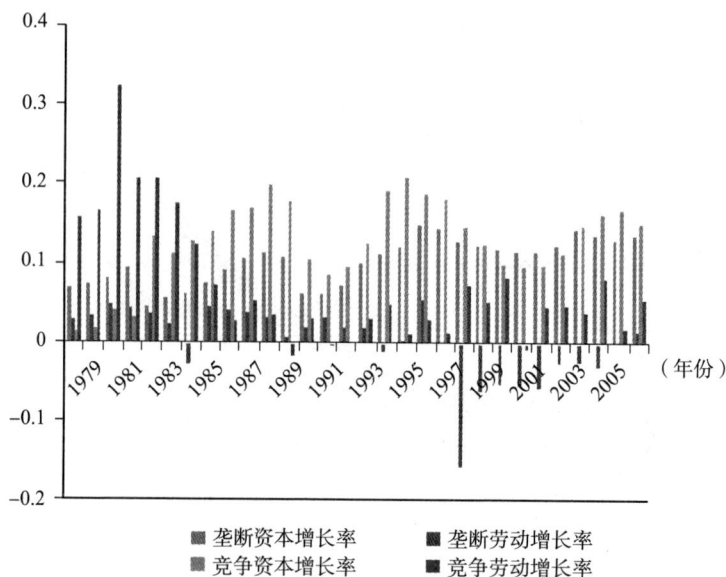

图4－2　1978～2007年华东地区垄断与竞争行业的资本和
劳动力要素投入增长率

注：图中以1978年价格为基准。

资料来源：1978～2007年各年《中国统计年鉴》。

东北地区，如图4-3和图4-4所示，垄断行业资本的生产率的
提升效果并不明显，但资本要素的投入量却显著增加；垄断行业劳动
力生产率逐年增加，垄断行业的就业人员却逐年递减；竞争行业劳动
力同样呈上涨之势，然而没有引来劳动力的增加。

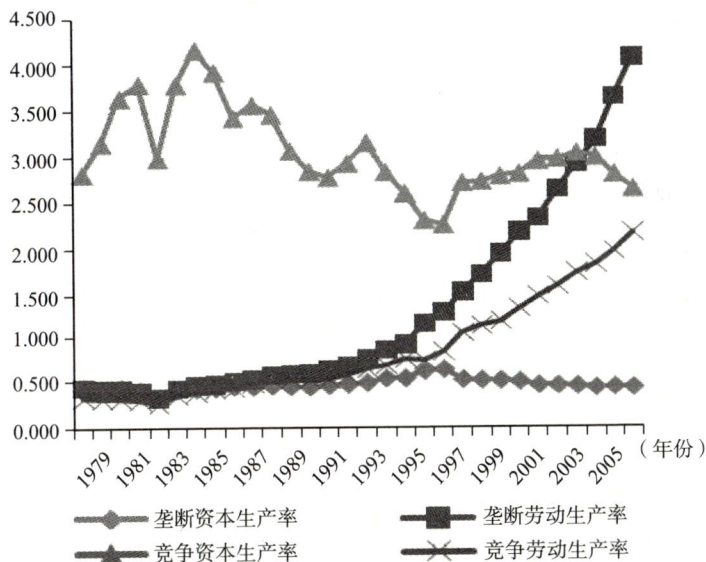

图4-3　东北地区垄断与竞争行业的资本和劳动力要素生产率

注：图中以1978年价格为基准。
资料来源：1978~2007年各年《中国统计年鉴》。

西北地区，见图4-5和图4-6，垄断行业资本的生产率呈波动
下降的趋势，投入量却总体向上波动；竞争行业资本投入的增长率与
生产率都存在大幅波动，但竞争行业资本投入增长率有波动向上的趋
势。竞争行业的资本要素生产率大于垄断部门未见收敛，然而，垄断
部门资本的要素投入增长率与竞争部门的要素投入增长率呈现收敛。
劳动力的生产率在垄断和竞争行业都呈逐年上涨的趋势，但劳动力要
素投入的增长率在两个部门朝相反的方向变动。

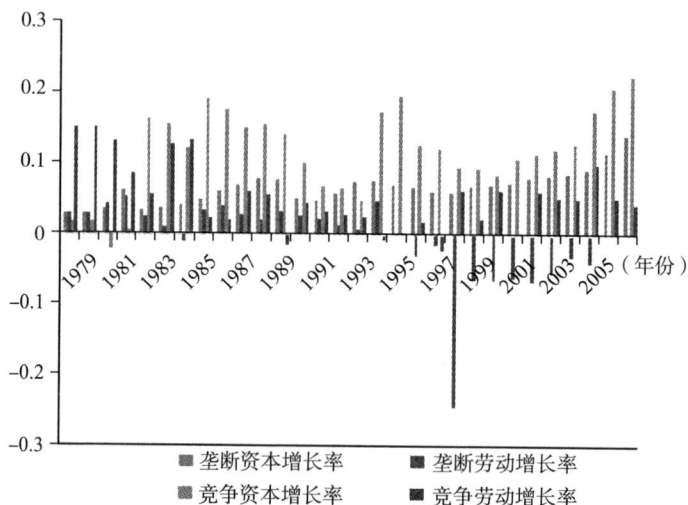

图4-4 东北地区垄断与竞争行业的资本和劳动力要素投入增长率

注：图中以1978年价格为基准。
资料来源：1978~2007年各年《中国统计年鉴》。

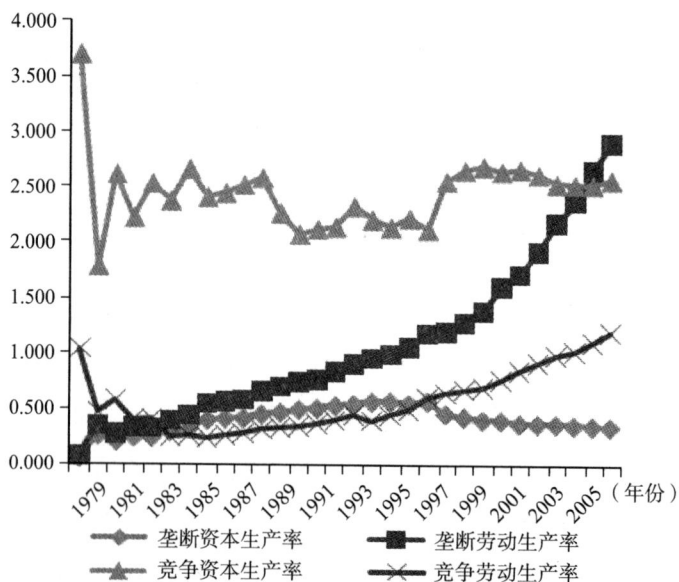

图4-5 西北地区垄断与竞争行业的资本和劳动力要素生产率

注：图中以1978年价格为基准。
资料来源：1978~2007年各年《中国统计年鉴》。

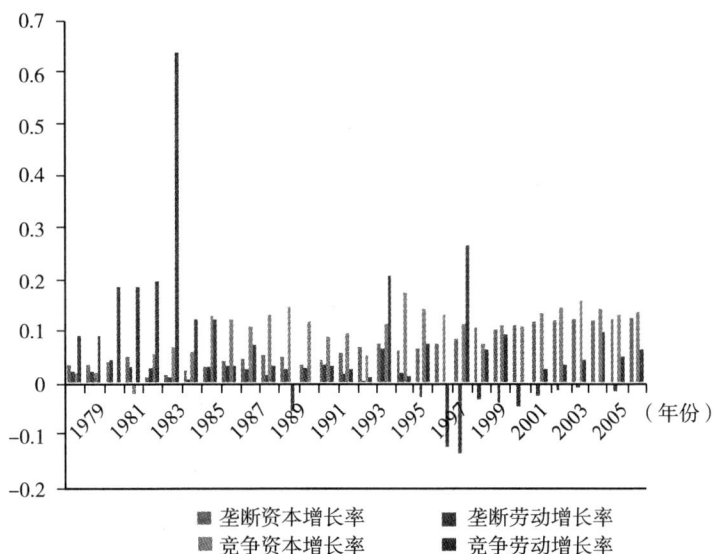

图 4 – 6　西北地区垄断与竞争行业的资本和劳动力要素投入的增长率

注：图中以 1978 年价格为基准。

资料来源：1978～2007 年各年《中国统计年鉴》。

4.1.2　要素错配的测量与分析

4.1.2.1　代表性大中型城市要素错配程度的测算与分析

在地区维度上，本书选取地级市作为行政区划的标准，并将其中的 33 个代表性大中型城市的数据作为研究重点。通过分析这 33 个大中型城市的工业企业数据，根据式（3 – 37）和式（3 – 41），首先计算出规模以上企业的要素收益率 TFPR，然后在各代表性城市水平上求出标准差，即测算得出要素错配程度。本书所使用的样本来自国家统计局编纂的《中国工业企业数据库》。

表 4 – 2 中列出了我国代表性 33 个城市的规模以上企业的数量，并使用各城市内企业间要素收益率的标准差表示地区层面要素错配程

度，根据要素错配的定义，当城市中不存在要素错配时，各企业的TFPR应该是相同的，企业间的要素收益率的标准差为零。

表 4 - 2   1998 ~ 2007 年各城市要素错配程度及
每个城市规模以上企业的个数

序号	城市	要素错配程度	规模以上企业数量
1	北京	1.665979	27634
2	天津	1.989120	26801
3	石家庄	1.515728	4839
4	太原	1.846685	1634
5	呼和浩特	1.623760	545
6	沈阳	2.839516	5824
7	长春	2.573261	1672
8	哈尔滨	1.613933	328
9	上海	1.409308	38265
10	南京	1.463772	7862
11	杭州	1.31853	34
12	宁波	1.663525	39
13	合肥	1.619959	40
14	福州	1.621922	12
15	厦门	2.283634	12
16	南昌	1.548555	34
17	济南	1.194426	17
18	青岛	1.183097	43
19	郑州	1.701121	34
20	武汉	1.778433	20
21	长沙	1.486849	23

序号	城市	要素错配程度	规模以上企业数量
22	广州	1.237109	9
23	深圳	1.952452	18
24	南宁	0.937700	58
25	海口	1.363691	8
26	重庆	1.129363	21
27	成都	2.006288	5
28	贵阳	1.680954	29
29	西安	2.731058	8
30	兰州	2.637271	362
31	西宁	1.589915	55
32	银川	2.656716	9
33	乌鲁木齐	0.284404	6

相反，企业之间要素收益率的离散度越大，表示错配情况越严重。规模以上企业数量较多的城市有上海、北京、天津、南京、沈阳、石家庄等。结合城市规模，错配程度相对较高的有沈阳、长春、西安等，错配程度相对较低的城市是上海、广州和南宁等。总体上看，西北地区的要素错配程度要高于华东地区。测算得到的城市要素错配程度将在实证部分作为核心解释变量数据，而为了进一步剖析各城市内不同类型企业间要素配置情况，在4.2节我们还将进一步测算各城市国有企业与非国有企业资本和劳动力要素错配系数及变化趋势。

4.1.2.2 行业要素错配程度的测算与分析

在行业维度上，本书选取我国工业二位码行业作为研究样本。考虑到国家统计局关于行业划分统计口径的调整,最终整理为 39 个行业重点关注。同理,采用行业内企业间的要素收益率 TFPR 的离差表示行业层面的要素错配程度,行业错配程度的测算结果与行业内规模以上企业的数量见表 4-3。

表 4-3 1998~2007 年各行业要素错配程度及规模以上企业的个数

序号	行业	要素错配程度	规模以上企业数量
1	煤炭开采和洗选业	0.545288	1564
2	石油和天然气开采业	0.639131	43
3	黑色金属矿采选业	0.509220	290
4	有色金属矿采选业	0.242826	4
5	非金属矿采选业	0.859949	266
6	其他采矿业	0.180663	20
7	农副食品加工业	0.639619	1444
8	食品制造业	0.632672	891
9	饮料制造业	0.556810	693
10	烟草制品业	0.543400	161
11	纺织业	0.889651	3487
12	纺织服装、鞋、帽制造业	0.482970	1939
13	皮革、毛皮、羽毛(绒)及其制品业	0.685516	580
14	木材加工及木、竹、藤、棕、草制品业	0.761541	268
15	家具制造业	0.664408	211
16	造纸及纸制品业	0.423520	1357
17	印刷业和记录媒介的复制	0.479381	1602
18	文教体育用品制造业	0.630595	555

序号	行业	要素错配程度	规模以上企业数量
19	石油加工、炼焦及核燃料加工业	1.456447	408
20	化学原料及化学制品制造业	0.840507	4533
21	医药制造业	0.614607	495
22	化学纤维制造业	0.705182	269
23	橡胶制品业	0.779943	733
24	塑料制品业	0.676258	1695
25	非金属矿物制品业	0.612013	4128
26	黑色金属冶炼及压延加工业	1.132705	1228
27	有色金属冶炼及压延加工业	0.996962	116
28	金属制品业	0.887221	3198
29	通用设备制造业	0.631908	6086
30	专用设备制造业	0.733830	2768
31	交通运输设备制造业	0.989510	425
32	电气机械及器材制造业	0.804173	2031
33	通信设备、计算机其他电子设备制造业	1.146810	2610
34	仪器仪表及文化、办公用机械制造业	1.143515	1090
35	工艺品及其他制造业	0.896679	783
36	废弃资源和废旧材料回收加工业	0.977039	392
37	电力、热力的生产和供应业	0.568250	2512
38	燃气生产和供应业	1.259014	241
39	水的生产和供应业	0.534972	1565

表4-3列出了我国39个二位码行业的规模以上企业的数量，

并计算出行业要素的错配程度，每个行业生产率的标准差表示距平均值的偏离程度，当行业中不存在错配时，行业中各企业的 TFPR 应该是相同的，因此，标准差越大，表示错配情况越严重。错配程度相对较大的行业有燃气生产和供应业、石油加工、炼焦及核燃料加工业等，错配程度比较低的行业是纺织服装、鞋、帽制造业。总体看来，国有企业占比高的行业的要素错配程度高于国有企业占比相对较低的行业。资本密集型行业的要素错配程度高于劳动力密集型行业。在下面的分析中，我们还将进一步剖析行业的资本和劳动力要素错配程度的变化趋势，以期探究要素错配的变化规律和波动原因。

4.2　全要素生产率的波动趋势与结构分解

1978 年底，随着党的十一届三中全会召开，改革开放的序幕也彻底拉开，整个社会的工作重点在于经济建设，计划经济时期向市场化改革的过程中，产业结构升级加快，经济得以长足发展，波动异常剧烈，此增长态势一直持续到 1992 年，属第一个阶段。第二阶段，1993 ~ 2002 年，自 1993 年 11 月党的十四届三中全会明确了我国社会体制的改革与建设方向以来，政府相继出台了一系列市场化改革措施和对外开放的政策，国民经济持续攀高，GDP 的增长率超过 14%；随后，经济高速增长过程中存在的问题开始显现，农业占比高、抗灾能力差以及国有企业生产效率低导致的经营困难等问题使得经济增长放缓，1997 年的亚洲金融危机，我国受到的影响较小，经济仍处于 8% ~ 9% "低位" 平稳增长阶段。第三阶段，以 2001 年加入世界贸易组织为契机，我国大力发展开放型经济，经济进入扩张期，新一轮的投资热潮和贸易顺差持续扩大成为经济高速增长的主要动力，2007 年实际 GDP 增长率重回 14% 以上。2008 年美国发生次贷危机，受协同作用的影响，我国经济迅速冷却，进入第四阶段。国外需求下降，出口恶化，国内投资也明显放缓，虽然内需仍维持高位，但总体 GDP 出现严重下滑。在政府积极的财政政策和宽松的货币政策调控下，2009 年经济出现复苏，但整体上涨乏力，国民经济维持在"低位"震荡。实际 GDP 的变动趋势见图 4 - 7，从图中不难看出，我国经济呈现出波动频率低，震动幅度大的特点。另外，全要素生产率的波动趋势与 GDP 的变化轨迹有亦步亦趋之势，可以得出 TFP 的波动对宏观经济的波动有强有力的解释作用。研究 TFP 的变化趋势及原因对于制定平抑宏观经济波动的政策有重要意义。

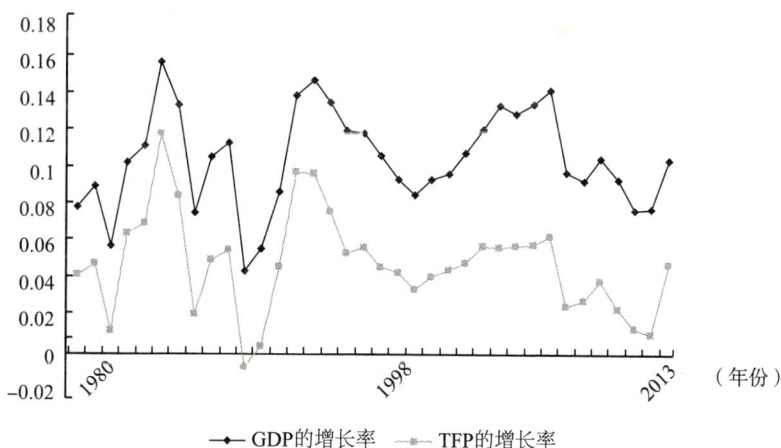

图 4 - 7　1979 ~ 2013 年中国实际 GDP 与 TFP 的增长率

注：图中以 1978 年价格为基准。

资料来源：《新中国六十年统计资料汇编》和《2014 年中国统计年鉴》。

本书对于 TFP 的计算，基于第 3 章构建的理论模型，以索洛新古典增长模型为出发点，首先涉及对资本产出弹性和劳动要素产出弹性进行估计，然后代入索洛（1957）[4] 余值，结合产出、资本和劳动力的增长率数据，即可估算出全要素生产率，但索洛余值常常因为内生性和样本选择性偏误的问题受到批判，奥莱和帕克斯（1996）[44] 与文索恩和彼得林（2003）[97] 分别采用投资和中间投入作为工具变量，克服了相关问题，在实证研究中得到广泛应用。以往文献中一般使用行业层面的数据，但由于我国行业层面数据缺失严重，在很大程度上影响了测算的可靠性，为了解决该问题，我们应用企业层面的微观数据①，以产值为权重，加权得到地区 TFP、行业 TFP 以及全国 TFP。具体估计步骤如下：

对式（3-1）的 C-D 生产函数两边取自然对数，有：

$$y_{it} = a_m + \alpha_m k_{it} + \beta_m l_{it} + \gamma_m t + \omega_{it} + \mu_{it} \qquad (4-1)$$

其中，y_{it}、k_{it}、l_{it} 分别代表企业 i 在时期 t 的产出、资本存量、劳动投入量的对数值，参数 α_m、β_m 分别刻画了资本、劳动在生产中的贡献，γ_m 表示企业全要素生产率随时间外生变化的趋势（$m=j$，表示行业；$m=d$，表示地区）。ω_{it} 是企业 i 在 t 期的生产率水平，企业可以观测到，并据此进行投资，μ_{it} 为误差项。产出选用企业的"工业增加值"刻画；文献中多用"职工人数"和"就业人数"这两种指标描述劳动力的投入，考虑到非正式职工就业现象在我国大量存在，最后采用"就业人数"数据；使用企业的"固定资产净值"数据代表生产函数的资本投入量，"中间投入品"用原材料来替代，作为工具变量。本书选取 LP 法进行测算，可估计出地区（行业）的要素产

①　本书使用的数据来自工业企业数据库，企业增加值、资本存量、就业人数、中间品投入等数据的处理过程详见第 5 章实证部分。

出弹性，在完成对生产函数的估计后，容易计算出各企业的 TFP 的增长率，按照企业的产出份额，对全要素生产率进行加权，分别求出地区和行业层面的全要素生产率的增长率。采用 HP 滤波法去掉趋势项后，即可观察到地区（行业）TFP 的波动部分。

4.2.1　全要素生产率的波动趋势

4.2.1.1　地区全要素生产率的波动趋势

具体地，结合新中国成立初期优先发展东北重工业地区、改革开放后优先发展东部沿海地区以及 1997 年的西部大开发等阶段性的政策倾斜，我们将重点分析华东、东北和西北的经济发展特点。如图 4 - 8，不难发现，华东、东北、西北及全国的全要素生产率增长率的变化整体上呈收敛之势，各自有不同的波动特征。改革开放率先引来华东地区 TFP 的波动，振幅超过了全国水平，20 世纪 90 年代中后期波动放缓；东北地区与西北地区则表现较为相似，TFP 由低于全国平均水平提升到高于全国 TFP，尤其西北地区的波动在 20 世纪中后期尤为突出。根据拐点出现的时间，推测这与我国不同阶段的政策重心有关。我们发现政策倾斜阶段 TFP 波动较大，TFP 的水平却较低。而后，TFP 的提升较为明显。可以解释为，政策实施期要素扭曲较为严重，政策效应逐渐消除后，释放出新的增长动力。那么，什么因素可以引起地区 TFP 的波动呢？

4.2.1.2　行业全要素生产率的波动趋势

近年来，我国产业结构转型步伐加快，各行业的增长速度及增长质量表现出不同的特点。基于全要素生产率的视角，对各行业及全国的 TFP 通过 HP 滤波处理后，保留了周期部分作为波动部分的代理变

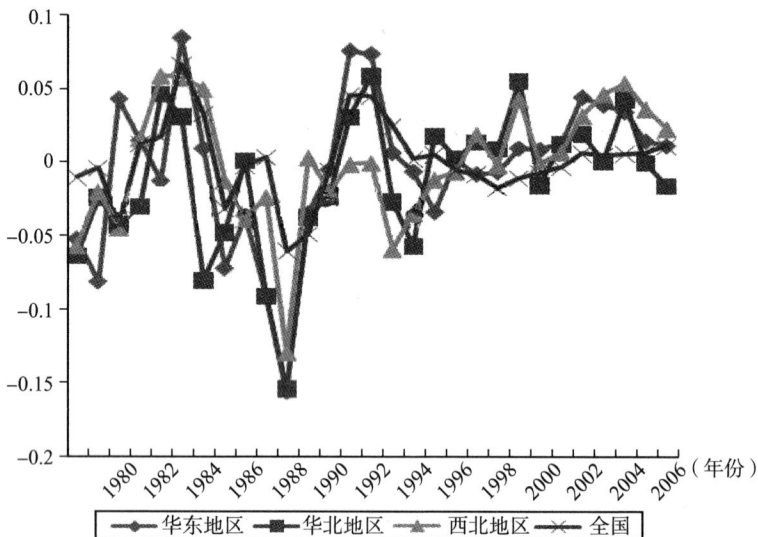

图 4 - 8   1979 ~ 2006 年华东地区、东北地区和西北地区 TFP 的波动

注：图中以 1978 年价格为基准。

资料来源：《新中国六十年统计资料汇编》和《2014 年中国统计年鉴》。

量，如图 4 - 9 所示，不难发现工业行业的波动较为特殊，部分年份与全国总体 TFP 的波动表现出反周期性。探究原因，我们进一步对工业内的行业分类研究。根据行业进入的壁垒强度①，我们将工业行业分为垄断行业和竞争行业两个部门。垄断行业与竞争行业的波动情况见图 4 - 10，可以看出，垄断部门的全要素生产率的波动幅度远大于竞争部门。那么，是什么原因造成垄断部门的全要素生产率波动如此明显呢？根据第 3 章式（3 - 36）对赛奎因（1986）[153]的全要素生产率进行分解，本节从影响全要素生产率的两个因素——技术进步与要素重置出发考虑，结合 4.1 节垄断行业的要素错配程度大于竞争行业，我们推测垄断部门之所以 TFP 波动较大，可能源于要素错配程度较为严重。

——————————

① 行业进入壁垒强度是按照非国有企业的产值在行业的占比为划分依据。垄断行业包括采掘业、电力、热力、燃气和水生产供应业，其他工业部门属于竞争行业。

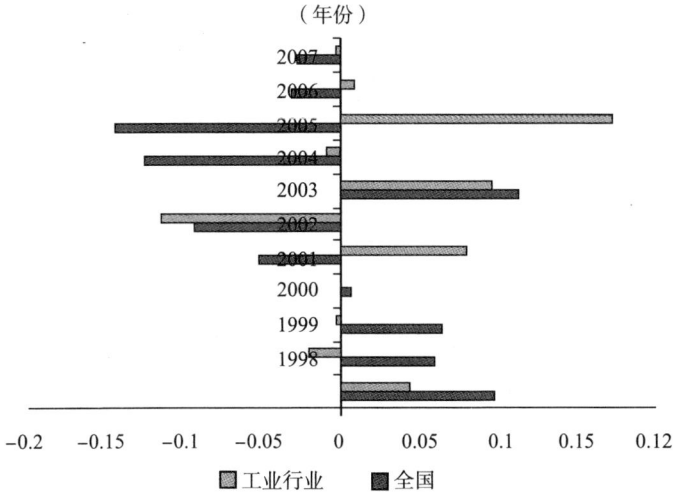

图 4 - 9　1997 ~ 2007 年工业行业与全国的全要素生产率的波动

资料来源：1997 ~ 2007 年的《中国统计年鉴》，2003 年国家统计部门对工业划分标准作了调整，该波动图是按更改后的口径进行绘制。

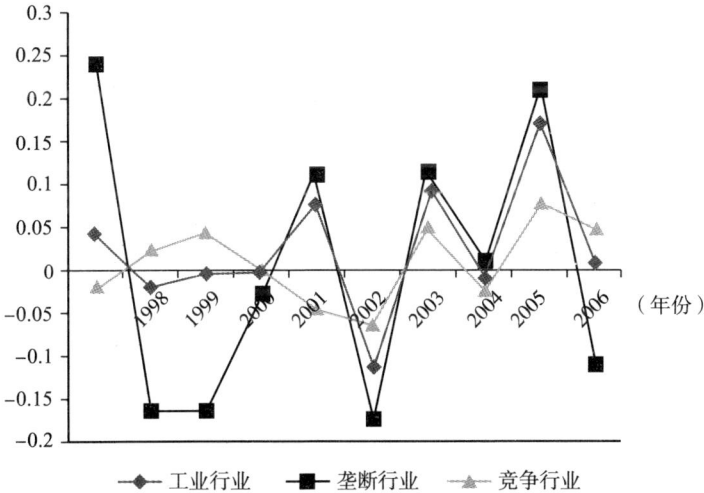

图 4 - 10　1998 ~ 2006 年工业行业及垄断行业与竞争行业的 TFP 波动

资料来源：1998 ~ 2006 年的《中国统计年鉴》。

4.2.2　全要素生产率波动的结构分解

4.2.2.1　地区全要素生产率波动的结构分解

本节测算地级市 TFP 波动的结构分解，在传统的索洛新古典增长模型基础上加入引起要素流动摩擦的税收楔子，将全要素生产率的波动进一步分解为企业的 TFP 的变化率、企业产出份额的变化率、企业要素错配程度的变化率。王文（2015）[255] 和朱荃和张天华（2016）[256] 等研究表明中国要素错配主要体现在不同所有制的企业之间，国有企业多为资源充裕型企业，非国有企业为资源约束型企业[①]。故测算出各城市国有企业与非国有企业的资本和劳动力的要素错配系数的变化率（见表 4-4 和表 4-5）、产出份额的变化率以及企业的技术效率的变化率来分析城市 TFP 的波动是合理的。本节使用中国工业企业数据库首先估计出国有企业与非国有企业要素的产出弹性，并且按照第3章式（3-30）和式（3-31）计算出两类企业的要素错配系数的变化率，代入结构分解式（3-36），求出引起 TFP 波动的三个贡献项。限于篇幅，在此仅汇报华东、东北和西北地区中位于前列的六个城市。

---

① 天则经济研究所（2012）研究发现，2001~2009 年，国有及国有控股工业企业平均的净资产收益率只有 8.16%，非国有工业企业达到 12.9%。中国国民经济研究所和中国企业家调查系统发布的《中国分省企业经营环境指数 2013 年报告》明确指出，非国有企业的经营环境差于国有企业，不同类型企业之间，形成了有差别的偏向性政策，这些政策不仅包括直接的干预的帮扶，而且包括金融抑制、资源低税费与市场垄断等形式的暗补。国有企业存在预算软约束，而对于非国有企业，"贷款难""融资难"问题普遍存在，成为困扰中国企业尤其是众多民营中小企业发展的主要因素之一。

表 4 – 4 　　　　1998～2007 年部分城市国有企业与非国有企业的
资本错配系数

城市	企业类别	1999年	2000年	2001年	2002年	2003年	2004年	2005年	2006年	2007年	平均
上海	国有	1.7570	1.9080	1.9500	1.2350	1.6100	1.7250	1.0580	1.0300	1.1780	1.4946
	非国有	0.7080	0.6810	0.6670	0.6350	0.6050	0.5910	0.5790	0.5880	0.5890	0.6270
南京	国有	1.5910	1.8460	1.6490	1.0910	1.1940	1.3230	1.4460	1.4430	1.3660	1.4388
	非国有	0.5020	0.4620	0.4970	0.4430	0.4470	0.4530	0.4670	0.4730	0.4800	0.4693
长春	国有	1.9600	2.0240	2.0580	2.2630	2.1760	2.3090	2.4790	2.3170	2.3250	2.2123
	非国有	0.3120	0.3110	0.3200	0.3130	0.3240	0.3170	0.3150	0.3320	0.3460	0.3211
沈阳	国有	1.9080	2.0060	2.1050	2.3360	2.4040	2.3360	2.3820	2.2960	2.2910	2.2293
	非国有	0.3930	0.3880	0.3880	0.3790	0.3850	0.4020	0.4160	0.4460	0.4610	0.4064
西安	国有	2.1210	2.1380	2.1630	2.1650	2.1770	2.1980	2.1720	2.1730	2.1620	2.1632
	非国有	1.0760	1.0300	0.9620	0.9030	0.8370	0.7470	0.7230	0.6800	0.6690	0.8474
兰州	国有	3.5530	2.8060	2.7140	2.6380	2.4290	2.2290	2.1350	2.1600	2.1240	2.5320
	非国有	0.2800	0.3000	0.3060	0.3150	0.3210	0.3260	0.3200	0.3200	0.3190	0.3119

资料来源：中国工业企业数据库。

表 4 – 5 　　　　1998～2007 年部分城市国有企业与非国有企业的
劳动力要素错配系数

城市	企业类别	1999年	2000年	2001年	2002年	2003年	2004年	2005年	2006年	2007年	平均
上海	国有	0.9640	0.9180	0.8700	0.8610	0.8970	0.8430	0.8770	0.9010	0.8950	0.8918
	非国有	1.1810	1.1830	1.1940	1.1800	1.1600	1.1650	1.1500	1.1460	1.1420	1.1668
南京	国有	0.9670	0.9630	0.8150	0.9740	0.9700	0.9370	0.9420	0.9090	0.8810	0.9287
	非国有	1.1230	1.0950	1.1920	1.0720	1.0660	1.0670	1.0570	1.0650	1.0760	1.0903

城市	企业类别	1999年	2000年	2001年	2002年	2003年	2004年	2005年	2006年	2007年	平均
长春	国有	1.6880	1.7310	1.7180	1.6110	1.5110	1.5660	1.5540	1.5470	1.5520	1.6087
	非国有	0.6920	0.6490	0.6430	0.6730	0.6130	0.6220	0.6870	0.6390	0.6220	0.6489
沈阳	国有	1.1610	1.1600	1.1470	1.1280	1.1270	1.1400	1.1380	1.1470	1.1430	1.1434
	非国有	0.8700	0.8460	0.8450	0.8420	0.8270	0.7940	0.7790	0.7540	0.7570	0.8127
西安	国有	2.5510	2.5300	2.5210	2.6360	2.6940	2.7430	2.0100	2.1170	2.2500	2.4502
	非国有	0.3480	0.3550	0.3590	0.3640	0.3340	0.3240	0.3890	0.3760	0.3680	0.3574
兰州	国有	2.3310	1.8930	1.8800	1.7230	1.6390	1.5490	1.4980	1.4320	1.4370	1.7091
	非国有	1.0770	1.1680	1.1700	1.2100	1.2290	1.2610	1.2640	1.2820	1.2780	1.2154

资料来源：中国工业企业数据库。

　　根据第 3 章对要素错配系数的定义：要素错配系数等于 1，表示既不对要素进行征税，也不对要素给予补贴，要素在不同部门的配置均遵循边际产品价值等于其边际成本的原则，在要素市场上不存在错配的现象；要素错配系数小于 1，说明该部门在获取此要素时面临约束，导致边际成本高于边际产品价值，因此，不能通过增加投入达到生产规模的合意水平，要素配置不足以引起要素错配；要素错配系数大于 1，说明该要素获得了补贴，使用成本低，导致过量使用该要素而造成错配；要素的错配系数与 1 相差越大，表明要素得到补贴或被征税的幅度就越大，错配程度越高。

　　基于此，我们对各城市的资本和劳动力的要素错配系数进行分析。结合表 4-4 与表 4-5，不难发现：第一，各城市的资本和劳动要素的错配系数表现出显著的异质性。横向比较，不同城市的错配程度差异较大；纵向比较，不同城市的要素错配系数的变化趋势也不尽相同。

这与城市的市场化水平、要素禀赋结构以及政府政策等因素有关。具体来看，西部地区的要素错配系数偏离 1 的程度明显高于东部地区，尤其体现在国有企业的资本要素，以西安和兰州为例，1998～2007 年年平均资本错配系数分别是 2.1632 和 2.5320，显著大于 1，说明这些城市的国有企业资本的配置严重过量，且从变化趋势来看，并无明显的下降趋势。对比东部地区，以上海和南京为例，国有企业的平均资本要素错配系数仅为 1.4946 和 1.4388，这与政府为了追求平衡发展加大西部投资力度的战略部署相吻合。陆铭和向宽虎（2014）[257] 指出改革开放早期，要素向沿海地区流动，东西部之间的差距逐渐加大，为了兼顾经济增长和区域平衡，政府采取了对西部地区加大资源转移的扶持政策，通过割裂生产要素市场使得经济分散化，导致西部地区的要素错配较为严重。第二，以上海、南京为代表人均收入较高的城市，劳动力在国有企业的要素错配系数略小于 1，而劳动力在非国有企业的要素错配系数大于 1，劳动力在两部门的配置较为平衡。反过来，在西安、兰州为代表的人均收入较低的城市，劳动力在国有企业过度配置。这也是符合中国实际的，由于前者的劳动力市场发展较为完善，国有企业与非国有企业在劳动者工资和福利保障等方面差距较小，劳动力在企业之间的流动摩擦减小，选择的机会更多，因而劳动力并没有大量集中于国有企业而是由市场进行配置，两类企业的劳动力错配程度较低。欠发达地区则不然，由于制度变革和社会转型相对缓慢，市场化程度较低，非国有企业的用工机制和社会保障体系都相对发展不成熟，因此能在国有企业或行政部门就业就会处于"身份"优势地位①，

---

① "身份"优势地位属于社会学的范畴，即居民个人的收入、社保福利及社会资源的获得相对较高主要源于工作单位属性、户籍制度以及家庭背景等"身份"特征。

且西部地区的劳动力的选择机会也相对较少，所以大量优秀的劳动力更倾向于选择国有企业。好在随着西部地区的发展，劳动力错配程度有下降的趋势。

为了考察要素重置对 TFP 波动的贡献，本节在 Syrquin 分解式的基础上进行扩展，由表 4 - 6 可以总结出几个典型特征。

表 4 - 6 1998～2007 年部分城市 TFP 波动的结构分解

城市	项目	1999年	2000年	2001年	2002年	2003年	2004年	2005年	2006年	2007年	平均
上海	城市 TFP 变动	1.00	1.00	1.00	1.00	1.00	1.00	1.00	1.00	1.00	1.00
	企业 TFP 变动 A	0.28	0.25	0.36	0.31	0.51	0.24	0.38	0.31	0.36	0.33
	企业产出份额变动 B	0.01	-0.02	0.04	-0.11	-0.05	-0.01	0.05	0.24	0.01	0.02
	要素错配程度变动 C	0.71	0.77	0.6	0.8	0.54	0.77	0.57	0.45	0.63	0.65
	资本错配程度变动 C1	0.12	0.58	0.33	0.69	0.14	1.07	1.55	0.93	0.9	0.70
	劳动错配程度变动 C2	0.59	0.19	0.27	0.11	0.4	-0.3	-0.98	-0.48	-0.27	-0.05
	要素重置效应 B + C	0.72	0.75	0.64	0.69	0.49	0.76	0.62	0.69	0.64	0.67
南京	城市 TFP 变动	1.00	1.00	1.00	1.00	1.00	1.00	1.00	1.00	1.00	1.00
	企业 TFP 变动 A	0.24	0.28	0.26	0.33	0.24	0.24	0.35	0.34	0.34	0.29
	企业产出份额变动 B	0.05	0.3	0.08	0.03	0.03	0.03	0.02	0.05	0.02	0.07
	要素错配程度变动 C	0.71	0.42	0.66	0.64	0.73	0.73	0.63	0.61	0.73	0.65
	资本错配程度变动 C1	0.81	-0.12	0.64	0.81	0.65	0.64	0.59	0.58	0.31	0.55
	劳动错配程度变动 C2	-0.1	0.54	0.02	-0.17	0.08	0.09	0.04	0.03	0.42	0.11
	要素重置效应 B + C	0.76	0.72	0.74	0.67	0.76	0.76	0.65	0.66	0.66	0.71

续表

城市	项目	1999年	2000年	2001年	2002年	2003年	2004年	2005年	2006年	2007年	平均
长春	城市TFP变动	1.00	1.00	1.00	1.00	1.00	1.00	1.00	1.00	1.00	1.00
	企业TFP变动A	0.27	0.24	0.27	0.23	0.23	0.19	-0.18	0.04	0.25	0.17
	企业产出份额变动B	0.19	0.18	0.17	0.09	0.01	0.03	0.17	0.12	0.24	0.13
	要素错配程度变动C	0.54	0.58	0.56	0.68	0.76	0.78	1.01	0.84	0.51	0.70
	资本错配程度变动C1	1.03	-0.43	0.62	0.36	-0.37	0.53	-0.97	-0.23	0.74	0.14
	劳动错配程度变动C2	-0.49	1.01	-0.06	0.32	1.13	0.25	1.98	1.07	-0.23	0.55
	要素重置效应B+C	0.73	0.76	0.73	0.77	0.77	0.81	1.18	0.96	0.75	0.83
沈阳	城市TFP变动	1.00	1.00	1.00	1.00	1.00	1.00	1.00	1.00	1.00	1.00
	企业TFP变动A	0.06	0.4	0.14	0.17	0.37	0.12	0.24	0.39	0.22	0.23
	企业产出份额变动B	0.23	0.67	0.06	0.13	0.23	0.17	0.01	0.03	-0.01	0.17
	要素错配程度变动C	0.38	-0.07	0.8	0.7	0.4	0.71	0.75	0.91	0.79	0.60
	资本错配程度变动C1	0.02	0.3	0.34	0.56	0.23	0.5	0.21	0.36	0.36	0.32
	劳动错配程度变动C2	0.36	-0.37	0.46	0.14	0.17	0.21	0.54	0.55	0.43	0.28
	要素重置效应B+C	0.61	0.6	0.86	0.83	0.63	0.88	0.76	0.94	0.78	0.77
西安	城市TFP变动	1.00	1.00	1.00	1.00	1.00	1.00	1.00	1.00	1.00	1.00
	企业TFP变动A	0.2	-0.23	0.25	0.15	0.25	0.25	0.24	0.24	0.24	0.18
	企业产出份额变动B	0.03	0.09	0.08	0.07	0.01	0.29	0.09	0.28	0.34	0.14
	要素错配程度变动C	0.77	1.14	0.67	0.78	0.74	0.46	0.67	0.48	0.42	0.68
	资本错配程度变动C1	0.34	-0.03	0.49	0.25	0.42	3.77	-2.26	1.03	1.99	0.67
	劳动错配程度变动C2	0.43	1.17	0.18	0.53	0.32	-3.31	2.93	-0.55	-1.57	0.01
	要素重置效应B+C	0.8	1.23	0.75	0.85	0.75	0.75	0.76	0.76	0.76	0.82

续表

城市	项目	1999年	2000年	2001年	2002年	2003年	2004年	2005年	2006年	2007年	平均
兰州	城市 TFP 变动	0.05	-0.14	0.15	0.43	0.14	-0.01	0.22	0.1	-0.13	0.09
	企业 TFP 变动 A	0.01	0.08	0.04	0.03	0	0	0	-0.09	0.09	0.02
	企业产出份额变动 B	0.94	1.06	0.81	0.54	0.86	1.01	0.78	0.99	1.04	0.89
	要素错配程度变动 C	0.17	0.47	0.34	-0.66	1.61	0.18	0.93	1.01	0.98	0.56
	资本错配程度变动 C1	0.77	0.59	0.47	1.2	-0.75	0.83	-0.15	-0.02	0.06	0.33
	劳动错配程度变动 C2	0.95	1.14	0.85	0.57	0.86	1.01	0.78	0.9	1.13	0.91
	要素重置效应 B + C	0.05	-0.14	0.15	0.43	0.14	-0.01	0.22	0.1	-0.13	0.09

资料来源：中国工业企业数据库。

（1）通过观察各代表性城市的 TFP 波动分解后的三项贡献，我们发现既有共同之处也有明显差异。按照各城市国有企业与非国有企业技术进步效应和要素重置效应的贡献的年度均值排序，我们发现六个代表性城市均呈现出要素重置效应大于技术进步效应的特点。企业纯 TFP 的贡献有限，也符合我国长期采用的粗放式发展模式，由于中国技术水平投入成本大、见效周期较长、产权保护制度不完善，故企业的研发投入小，导致我国仍处于以模仿制造为主、创新制造为辅的阶段。其中，长春、西安、兰州的企业技术进步的均值较低，对城市 TFP 的贡献仅为 17%、18%、9%。对比上海、南京，技术进步对城市 TFP 的贡献较大，达到 33%、29%。西部地区以高资源投入为主的粗放式发展模式向集约式发展的转变比较缓慢，资源投入对人力资本的挤出效应让西部的能源城市长期陷入"资源诅咒"，经济遭遇增长瓶颈。从各城市的技术进步效应的变化趋势来看，除了上海与南京等几个少数城市外，大部分城市表现出波动增加的趋势。

（2）观察要素重置中分行业产业份额变化和要素错配程度变化的贡献，可以看出分行业份额变动的贡献明显不高，可以解释为国有企业和非国有企业的规模调整不合理，虽然党的十四届三中全会明确了我国社会体制的改革与建设方向，政府相继出台了一系列政策全面进行国有企业改革，引入竞争提高效率，但是固有的所有制格局已经形成，大部分地区改革的困难较大，尾大不掉。其中，长春和沈阳行业份额变动的贡献略大于其他城市，分别是13%和17%。可能的原因是东北重工业区在新中国成立时期为了实施"赶超"战略，在政策扶持下建立了大量的国有企业，随着市场经济体制的建立，东北地区面临更大范围的国有企业改革，因此表现出不同竞争性行业的份额变动。

（3）由表4-6可以得出，对总体TFP贡献最大的是要素的错配程度的变化，这与蒂莫和泽麦（Timmer and Szirmai，2000）[258]的"结构红利假说"是一脉相承的，即生产要素在不同产业、部门和企业间的流转产生的重新配置，会使得原来生产要素及要素组合的产出生产率发生变化，从而对经济增长产生重要的影响。具体从资本和劳动力两类要素进行对比分析，我们发现大部分城市的资本错配变动的贡献要高于劳动力要素，其中资本错配变动贡献比较大的是上海、南京，说明这些城市的金融市场的改革力度相对较大，资本市场的建设进步更突出；而劳动力市场的变化贡献小，说明近些年劳动力市场中用工机制变革较慢，户籍等制度性问题带来劳动力流动摩擦仍然存在。

基于第 3 章构建的要素错配与全要素生产率变动的理论框架，本章测度了代表性城市垄断行业和竞争行业的资本和劳动的错配系数，并且对各城市 TFP 的变动进行了结构分解，结果总结为以下几个方面：一是西部地区的要素错配系数明显高于东部地区。二是各城市的资本和劳动要素的错配系数表现出显著地异质性与市场化水平有关，人均收入较高的城市，劳动力在国有企业的错配系数小于 1，而劳动力在非国有企业的错配系数大于 1。反过来，在人均收入较低的城市，劳动力却在国有企业配置过度。三是通过观察各代表性城市的 TFP 分解后的三项贡献，我们发现按照各城市分行业技术进步效应和要素重置效应的贡献的年度均值排序，均有要素重置效应大于技术进步效应的特点，且西部地区的技术进步效应低于东部地区。四是观察要素重置中分行业产业份额变化和要素错配程度变化的贡献，可以看出分行业份额变动的贡献明显不高，其中，长春和沈阳行业份额变动的贡献略大于其他城市。五是对总体 TFP 贡献最大的是要素的错配程度的变化，尤其是资本错配变动对 TFP 的贡献最为明显，而这也可能是金融市场的改革力度较大的结果。

4.2.2.2 行业全要素生产率波动的结构分解

在式（3-36）中，A、B、C 三项之和就是行业的全要素生产率的波动。进一步，A 表示行业当中不同类型企业的技术进步效应，B、C 两项之和是要素重置效应。B 代表产出份额的变动贡献，C 表示企业的要素误配系数，当要素误置系数减小，要素在逐利性的引导下流向生产率比较高的企业，行业内的要素配置更为合理，总体的 TFP 也得以提升。依据既有文献以及理论部分的分析，中国要素在企业之间的流动摩擦主要存在于所有制异质企业之间，本节对 C 项的测算不同于陈永伟和胡伟民 (2011)[144]，采用的是行业内国有企业与非国有企业之间资本和劳动力要素错配系数来反映。对于结构分解式中的参数估计，首先利用 OP 方法分别估计出两位码工业行业国有企业、非国有企业的资本和劳动力产出弹性，然后计算出不同类型企业以产值为权重的总体行业 TFP。在估计出各个参数后，1998~2007 年不同行业国有企业与非国有企业资本和劳动这两种要素的错配系数如表 4-7 和表 4-8 所示。限于篇幅，本书仅列示工业产值位于前列的六个行业。

表 4-7　　1998~2007 年不同行业国有企业与非国有企业
资本要素错配系数

行业	企业类别	1999年	2000年	2001年	2002年	2003年	2004年	2005年	2006年	2007年	平均
煤炭开采与洗选业	国有企业	2.3384	2.3495	2.2417	2.2407	2.5541	2.2878	2.0921	2.3447	2.3586	2.3119
	非国有企业	0.1080	0.9438	0.9914	0.9630	0.6228	0.3898	0.5526	0.2835	0.2859	0.5712
非金属矿物采选业	国有企业	1.7821	1.7965	1.7656	1.6335	1.8544	1.9442	1.8699	1.8194	1.8353	1.8112
	非国有企业	0.3875	0.3319	0.2584	0.3187	0.2736	0.4594	0.9539	1.0131	0.9980	0.5549
电力、热力的生产和供应业	国有企业	1.9752	1.9865	1.5219	1.6460	1.7904	1.8353	1.8041	1.6501	1.7426	1.7724
	非国有企业	0.6540	0.5186	0.6385	0.2182	0.5361	0.8880	0.3612	0.7450	0.8938	0.6059

续表

行业	企业类别	1999年	2000年	2001年	2002年	2003年	2004年	2005年	2006年	2007年	平均
纺织业	国有企业	1.6081	1.5969	1.5849	1.1534	2.8838	2.3045	2.3467	2.6595	2.5349	2.0748
	非国有企业	0.8956	0.9077	0.9298	0.8626	0.9232	0.9147	0.7194	0.9277	0.9437	0.8916
化学原料及化学制品制造业	国有企业	1.3836	1.6412	1.6912	1.6814	1.8527	1.8498	1.8029	1.8376	1.7806	1.7246
	非国有企业	0.8482	0.8132	0.8242	0.8786	0.8375	1.0078	1.0142	0.9397	0.9566	0.9022
通用设备制造业	国有企业	1.5153	1.4990	1.2649	1.6802	2.0843	2.0994	1.8195	1.9183	1.8767	1.7508
	非国有企业	1.1557	1.2706	1.0471	1.0983	0.8190	0.8067	0.9847	0.9119	0.9381	1.0036

资料来源：中国工业企业数据库。

表 4 - 8   1998～2007 年不同行业国有企业与非国有企业
劳动力要素错配系数

行业	企业类别	1999年	2000年	2001年	2002年	2003年	2004年	2005年	2006年	2007年
煤炭开采与洗选	国有企业	5.9528	6.5332	5.6308	8.9279	4.1344	4.6209	4.1513	3.0376	2.2908
	非国有企业	1.5919	1.6116	1.6676	1.6044	1.7373	1.5583	1.6323	1.5999	1.6139
非金属矿物制品业	国有企业	3.1340	2.7104	2.4620	2.7914	2.5383	2.3624	1.0097	1.2593	1.3245
	非国有企业	1.3441	1.3580	1.4331	1.2890	1.4248	1.3715	1.8373	1.7608	1.7431

行业	企业类别	1999年	2000年	2001年	2002年	2003年	2004年	2005年	2006年	2007年
电力及供应	国有企业	3.4459	3.1810	3.2636	3.7947	3.2642	2.9982	3.1400	3.0620	3.0082
	非国有企业	2.0675	2.1401	2.7754	1.6098	1.9577	2.1515	1.6988	1.7203	1.3212
纺织业	国有企业	1.1962	1.1319	1.1385	1.1040	1.0051	0.9839	0.9338	0.9126	0.9101
	非国有企业	1.1422	1.1415	1.1408	1.1278	1.2395	1.2427	1.2967	1.2857	1.2908
化学原料及化学制品制造业	国有企业	3.4432	3.8244	3.7977	3.2550	3.2985	3.7535	3.2972	3.8825	3.9972
	非国有企业	1.7102	1.5512	1.6102	1.5622	1.6385	1.8097	1.9231	2.0614	2.1880
通用设备制造业	国有企业	3.3959	3.6843	3.2182	3.4476	2.5184	2.2664	2.6205	2.5018	2.5518
	非国有企业	0.7819	0.7885	0.6352	0.8219	1.0512	1.1299	1.0191	1.0557	1.0388

资料来源：中国工业企业数据库。

表4-7和表4-8分别给出了部分行业国有企业与非国有企业的要素误置系数，根据要素的误置系数，就可以判定各行业不同所有制企业要素的错配程度，本书第3章对要素误置系数的测算公式已经进行了详细的阐释，主要体现在以下两个方面：第一，要素误置系数等于1，说明要素市场是完全竞争的，要素在企业的配置量与最优配置量相等，不存在要素错配，该系数与1相差越大，说明要素错配程度就越大；第二，要素误置系数大于1，说明企业在该要素的使用上获

得了补贴，使用成本较低，而在生产中过量投入；要素误置系数小于1，说明企业在投入该要素时面临税收楔子，加大了使用成本，而对该要素的投入不足。

基于此，我们对各行业内资本和劳动力要素的误置系数进行具体分析。不难发现：第一，行业内要素的误置程度表现出显著的异质性。一方面，纺织业、化学原料及化学制品制造业和装备制造业的要素误置系数的平均值较小，尤其是非国有企业的资本错配系数同1极为接近，略小于1，说明这些行业的资本要素市场错配程度较小，非国有企业获取资本面临的税收楔子较少，国有企业相比较非国有企业除个别行业外，大都在采用资本和劳动力要素时因获得补贴而过量使用，要素的误置系数大于1；非国有企业的要素误置系数大都小于1。资本要素的表现尤为明显。另一方面，从要素误置系数年度值的变化情况看，各行业的错配程度呈现出不同的变化趋势。资本要素的误置系数无论在国有企业抑或是非国有企业并未表现出明显的一致性变化趋势，但劳动力要素在行业内的国有企业呈现出误置程度逐渐降低的变化之势。第二，总体上看，要素误置程度与行业属性紧密相关。一方面，垄断—竞争的二元经济结构中，煤炭开采与洗选行业、非金属矿物制品业和电力、燃气供应部门，属于国家管制行业，政府无论是出于传统的政绩考核机制而主动管理和干预，还是考虑到国有行业承担的社会责任以及同政府长期形成的利益共同体而即使在其面临困境时也会施以援手，政府在要素定价、使用和分配等方面通过行政介入扭曲了要素比价关系，进而改变要素配置结构以达到控制和影响产业发展的目的，因此，垄断行业往往是"预算软约束"，资本和劳动力要素的获取成本小于竞争行业。随着社会主义市场经济体制的不断完善，我国要素市场的培育和建设步伐开始加快，同时由于行政体制改革的逐步深化使得来自政府制度与对策对要素配置的不当干预有所减弱，劳动力从非国有企业流入国有企业的壁垒降低，错配程度有了一定的缓解。以非金属矿物制品业为例，劳动力要素的误置系数由1999年的3.1340下降到了2007年的1.3245。另一方面，通过要素使用比例的划分将行业分为劳动密集型行业与资本密集型行业。20世纪末，我国人口红利显著，廉价劳动力的比较优势较为明显，资本相对比较稀缺，纺织业等劳动密集型行业的劳动力对资本进行替代，劳动力要素过量供给，其误置系数大于1；但随着经济的快速增长，对于通用装备制造业等资本密集型行业，资本在国有企业的供给逐渐增加，导致资本的过量配置。

为了考察要素重置对 TFP 波动的贡献，本节在 Syrquin 分解式的基础上进行扩展（见表4-9），可以总结出几个典型特征。

表4-9　　　　　　部分行业全要素生产率的结构分解

行业	项目	1999年	2000年	2001年	2002年	2003年	2004年	2005年	2006年	2007年	平均
化学材料与制品业	行业 TFP 变动	1	1	1	1	1	1	1	1	1	1
	企业 TFP 变动 A	0.31	0.42	0.51	0.24	0.56	0.53	0.51	0.59	0.23	0.43
	企业产出份额变动 B	0.08	0.17	0.01	0.01	0.03	0.03	0.05	0.07	0	0.05
	要素误置系数变动 C	0.61	0.41	0.48	0.74	0.41	0.44	0.44	0.33	0.77	0.52
	资本误置系数变动 C1	0.38	0.47	0.21	0.41	0.28	0.11	0.19	0.21	0.32	0.29
	劳动误置系数变动 C2	0.23	-0.06	0.27	0.33	0.13	0.33	0.25	0.13	0.46	0.23
	要素重置效应 B+C	0.69	0.58	0.49	0.76	0.44	0.47	0.49	0.41	0.77	0.57

续表

行业	项目	1999年	2000年	2001年	2002年	2003年	2004年	2005年	2006年	2007年	平均
纺织业	行业 TFP 变动	1	1	1	1	1	1	1	1	1	1
	企业 TFP 变动 A	0.87	0.7	0.65	0.23	0.52	0.29	0.24	0.29	0.48	0.47
	企业产出份额变动 B	0.02	0.02	0.07	0.05	0.03	0.31	0	-0.01	-0.01	0.05
	要素误置系数变动 C	0.11	0.27	0.28	0.72	0.45	0.4	0.77	0.73	0.53	0.47
	资本误置系数变动 C1	0.06	0.04	0.07	0.39	-0.25	0.63	-0.05	-0.03	0.3	0.13
	劳动误置系数变动 C2	0.04	0.24	0.22	0.33	0.7	-0.23	0.82	0.76	0.23	0.34
	要素重置效应 B + C	0.13	0.3	0.35	0.77	0.48	0.71	0.76	0.71	0.52	0.53
通用设备制造业	行业 TFP 变动	1	1	1	1	1	1	1	1	1	1
	企业 TFP 变动 A	0.71	0.52	0.15	0.11	0.9	0.87	0.92	0.99	0.57	0.64
	企业产出份额变动 B	0.03	0.31	0.53	0.15	0.25	0	0.05	-0.03	-0.03	0.14
	要素误置系数变动 C	0.26	0.18	0.33	0.74	-0.15	0.13	0.02	0.05	0.45	0.22
	资本误置系数变动 C1	0.08	0.15	0.18	0.49	-0.67	-0.21	0.73	0.18	0.64	0.17
	劳动误置系数变动 C2	0.18	0.03	0.15	0.26	0.51	0.35	-0.7	-0.13	-0.18	0.05
	要素重置效应 B + C	0.29	0.48	0.85	0.89	0.1	0.13	0.08	0.01	0.43	0.36
电力行业	行业 TFP 变动	1	1	1	1	1	1	1	1	1	1
	企业 TFP 变动 A	0.39	-0.4	0.54	0.17	0.37	0.32	0.64	0.76	0.42	0.36
	企业产出份额变动 B	0.23	0.67	-0.06	0.13	0	-0.17	-0.01	-0.03	-0.01	0.08
	要素误置系数变动 C	0.39	0.74	0.53	0.71	0.63	0.85	0.37	0.27	0.59	0.56
	资本误置系数变动 C1	0.02	0.3	0.34	0.56	0.23	0.5	0.21	0.14	0.36	0.3

续表

行业	项目	1999年	2000年	2001年	2002年	2003年	2004年	2005年	2006年	2007年	平均
电力行业	劳动误置系数变动 C2	0.37	0.44	0.19	0.14	0.4	0.35	0.17	0.13	0.23	0.27
	要素重置效应 B + C	0.61	1.4	0.46	0.83	0.63	0.68	0.36	0.24	0.58	0.64
煤炭开采与洗选业	行业 TFP 变动	1	1	1	1	1	1	1	1	1	1
	企业 TFP 变动 A	0.97	0.32	0.96	0.15	−0.25	0.36	0.49	0.3	−0.1	0.36
	企业产出份额变动 B	−0.01	−0.02	−0.03	0.02	0.04	0.05	0.02	0	0.01	0.01
	要素误置系数变动 C	0.04	0.7	0.07	0.83	1.21	0.59	0.49	0.7	1.1	0.64
	资本误置系数变动 C1	−0.15	0.09	0.27	0.65	0.45	0.33	0.25	0.21	0.87	0.33
	劳动误置系数变动 C2	0.19	0.61	−0.2	0.19	0.76	0.27	0.24	0.49	0.23	0.31
	要素重置效应 B + C	0.03	0.68	0.04	0.85	1.25	0.64	0.51	0.7	1.1	0.64
非金属矿开采业	行业 TFP 变动	1	1	1	1	1	1	1	1	1	1
	企业 TFP 变动 A	1.05	1	0.88	0.56	0.3	−0.11	0.37	−0.08	0.29	0.47
	企业产出份额变动 B	0.2	0.01	0.02	0	0	−0.01	−0.59	−0.25	−0.33	−0.1
	要素误置系数变动 C	−0.25	−0.01	0.11	0.43	0.7	1.12	1.22	1.33	1.04	0.63
	资本误置系数变动 C1	−0.36	0.09	0.16	0.3	0.41	0.53	0.68	0.9	0.71	0.38
	劳动误置系数变动 C2	0.11	−0.1	−0.06	0.13	0.29	0.58	0.54	0.43	0.33	0.25
	要素重置效应 B + C	−0.05	0	0.12	0.44	0.7	1.11	0.63	1.08	0.71	0.53

首先，横向对比各行业，不难发现相比企业 TFP 和产出份额，要素误置系数的变动对行业 TFP 的增长起主导作用，而产出份额对 TFP

的贡献普遍较小。具体表现在：以市场化程度较高的纺织业为例，国有企业与非国有企业的 TFP 增长率、产出份额的变化率以及各企业要素误置系数的变化率三者对行业总体 TFP 波动的平均贡献为 47%、5% 和 47%；以垄断性质更为明显的煤炭开采与洗选行业为例，国有企业与非国有企业的 TFP 增长率、产出份额的变化率以及各企业要素误置系数的变化率三者对行业总体 TFP 波动的平均贡献为 36%、1% 和 64%；其他行业 TFP 的增长贡献项中，要素重置效应均大于行业内企业 TFP 的增长效应。针对这一结果，分析如下：企业增长质量不高与我国经济的粗放式发展是相符的；企业产出份额的贡献不大表明工业内部各企业的规模调整缓慢且低效率；要素误置系数的变动表示要素错配程度的变化，其对 TFP 增长的贡献较大表明一方面行业面临严重的要素错配，另一方面要素市场的改革力度较强。

其次，要素重置效应中，产出变动的贡献极为微弱。化学材料与制品业、纺织业的产出变动对年均 TFP 增长的贡献率均为 5%，煤炭开采与洗选行业产出份额的贡献率仅为 1%，非金属矿开采业对 TFP 增长的贡献为负数。这反映了行业在发展过程中，不同所有制企业的结构转变并未朝合理的方向发展。在电力行业、煤炭开采与洗选业等垄断性行业国有企业的产出份额远远大于非国有企业，但这些行业的国有企业的生产率却小于非国有企业，因此只有非国有企业具有相对较高的增长速度，整个行业的 TFP 才会获得高速增长，行业内部的所有制结构才是合理的。因此，行业内部的所有制结构亟待优化和完善。

最后，要素错配系数变动中，除纺织业以外，大部分行业的资本错配变动的贡献高于劳动力，特别是在资本密集型行业中，资本错配程度的变动较大，对 TFP 增长的贡献除个别年份外，大多为正数，说明这些年我国金融市场的改革使得资本要素市场化建设成果显著，劳动力要素市场由于户籍制度的逐步放开和劳动力在不同所有制企业之间的自由流动性加强，劳动力要素的误置程度减弱，促进了 TFP 的增长，但相对于资本要素，劳动力要素的配置相对固化，改革红利尚未完全显现。另外，我们注意到要素重置效应的变化存在周期性，在党代会召开的附近年份，要素重置效应的波幅较大。

4.3　要素错配与全要素生产率波动的相关性描述

4.3.1　地区要素错配与全要素生产率波动的相关性描述

通过对全要素生产率波动及要素错配的特征事实描述，以及对关于要素重置有助于全要素生产率提高的大量文献的梳理，我们推断地区要素错配与 TFP 波动之间也存在一定的相关关系，到底是正向影响还是负向作用呢？下面我们就先初步进行回归分析。结果如图 4 - 11，横坐标代表城市要素错配程度，纵坐标代表城市 TFP 的波动程度，圆圈的大小代表城市规模，表示每个城市中规模以上企业的数量，小点表示城市中规模以上企业数量较少。直线为最优拟合曲线，表征在不考虑其他控制变量的情况下，地区要素错配程度与城市的全要素生产率的波动性之间存在正向的相关关系，见表 4 - 10，分别采用 OLS（Ⅰ）、固定效应模型（Ⅱ）和 Bootstrap（Ⅲ）三种方法进行估计，从结果来看均在 1% 的水平上显著，即错配对波动的解释度都在 30% 以上。

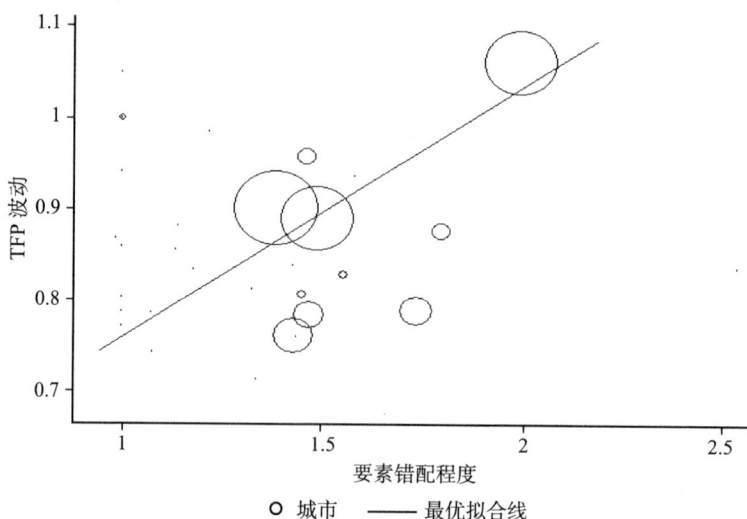

图 4 – 11　地区要素错配与全要素生产率的变动

注：圆圈代表行业，圆圈的大小表示每个城市中规模以上企业的个数，直线为最优拟合曲线，纵坐标表示全要素生产率的波动，横坐标表示要素的错配程度。

资料来源：中国工业企业数据库。

表 4 – 10　　1998 ~ 2007 年城市要素错配影响全要素生产率
波动的估计结果

项目	I	II	III
地区要素错配程度	0. 3741 *** (4. 76)	0. 3244 *** (3. 35)	0. 3244 *** (3. 74)
常数项	0. 1558 * (1. 74)	0. 2099 ** (1. 96)	0. 2098 * (2. 29)
城市效应	No	Yes	Yes
观测值	305	305	305
R^2	0. 21	0. 21	0. 21

注：***、**、*分别表示在 1%、5% 和 10% 的水平上显著。解释变量为地区内不同企业的生产率的标准差，被解释变量为地区内不同企业的生产率增长率的标准差。

4.3.2　行业要素错配与全要素生产率波动的相关性描述

通过对全要素生产率波动及要素错配的特征事实描述，以及对关于要素重置有助于全要素生产率提高的大量文献的梳理，我们推测行业要素错配与 TFP 波动之间也存在一定的相关关系，到底是正向影响还是负向作用呢？下面我们就先初步对二者进行最小二乘法回归分析，见图 4-12，行业要素错配与 TFP 的波动之间存在着显著的正向相关关系，在只有一个解释变量的回归方程中采用带常数项的最小二乘法估计，结果见表 4-11。生产率波动性对要素错配程度的回归结果，第 2 列（Ⅰ）为 OLS 估计，要素错配可以解释 64.56% 生产率的

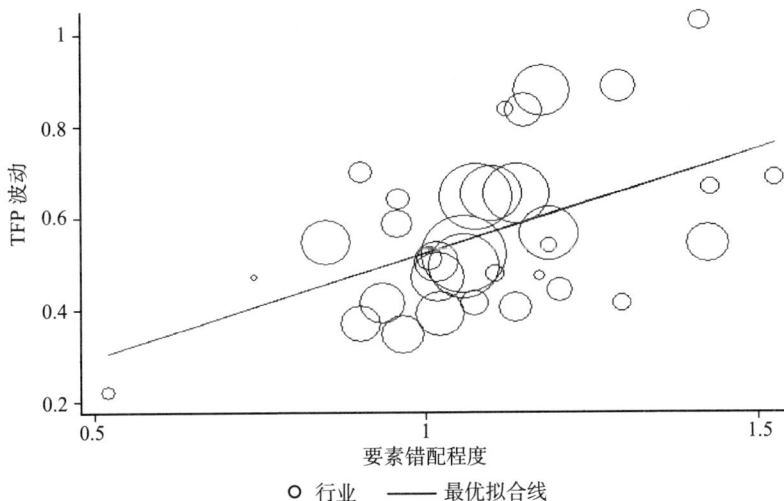

○ 行业　　—— 最优拟合线

图 4-12　行业要素错配与全要素生产率的变动

注：圆圈代表行业，圆圈的大小表示每个行业中规模以上企业的个数，直线为最优拟合曲线，纵坐标表示全要素生产率的波动，横坐标表示要素的错配程度。

资料来源：中国工业企业数据库。

波动，在 1% 的水平上显著。第 3 列（Ⅱ）与第 4 列（Ⅲ）分别是固定效应模型和 Bootstrap 的估计结果，可以看出要素错配对生产率波动的解释程度为 34.46%，均在 1% 的水平上显著。因此，我们可以初步得出要素错配与生产率波动之间存在显著的正向影响关系。考虑到其他因素的影响，我们在第 5 章会加入控制变量做进一步分析。

表 4 - 11 1998～2007 年行业要素错配影响全要素生产率波动的估计结果

项目	Ⅰ	Ⅱ	Ⅲ
行业要素错配程度	0.6454 *** (10.47)	0.3446 *** (3.68)	0.3446 *** (3.4)
常数项	0.1216 *** (2.71)	0.3281 *** (4.97)	0.3281 *** (4.41)
行业效应	No	Yes	Yes
观测值	305	305	305
R^2	0.26	0.26	0.26

  注：***、**、* 分别表示在 1%、5% 和 10% 的水平上显著；解释变量为行业内不同企业的生产率的标准差，被解释变量为行业内不同企业的生产率增长率的标准差。Ⅰ列是带常数项的最小二乘估计结果；Ⅱ列是使用固定效应模型的估计结果；Ⅲ列是 bootstrap 迭代 200 次后的估计结果。

4.4 本 章 小 结

  第 4 章是要素错配的典型事实与全要素生产率波动的特征描述。4.1 节通过比较华东、东北、西北三个地区垄断行业与竞争行业的要素生产率与要素投入增长率的变动方向，发现要素流动并非沿着效率最优化、产出最大化的路径，相反，部分地区的行业存在要素逆边际产出变化而流动的情况，这一特征事实初步揭示出我国不同地区和不同行业普遍存在要素错配的现象。进一步，根据理论框架中关于要素错配程度的核算模型，分别统计出我国具有代表性的 33 个大中型城市和 39 个二位码工业行业中规模以上企业的数量，并计算出各城市与行业的要素错配程度，结果表明，各地区各行业的资本和劳动力要素错配状况表现出显著的异质性，这种异质性不仅体现在要素错配程度大小而且体现在变化趋势上。地区的要素错配程度与城市的市场化水平、要素禀赋结构以及政府政策等紧密相关，西部地区国有企业的资本和劳动力要素错配程度远高于东部地区。行业的要素错配程度与行业属性紧密相关，带有国有垄断性质的行业的要素错配程度明显高于市场化程度相对较高的行业。4.2 节对全国实际 GDP 与全要素生产率的变动趋势进行对比描述，同时为了对我国 TFP 的发展水平及波动幅度有一个清晰的认识和判断，分别从地区和行业两个维度考察全要素生产率的波动特点。结果发现，全要素生产率的波动趋势与GDP 的变动趋势具有协同性，因而本章研究 TFP 的波动对理解宏观经济的波动有重要作用。分地区的研究可以将经济发展概括为三个阶段：新中国成立初期优先发展东北重工业地区，改革开放后优先发展东部沿海地区以及 1997 年以来的西部大开发，三个地区的全要素生产率的波动在不同的发展阶段呈现出政策驱动特征。对工业行业全要素生产率的描述，我们发现垄断行业 TFP 的波动远高于竞争行业。在 4.2 节的最后，我们进一步对部分城市和行业的 TFP 的波动进行了结构分解，结果显示：相比企业 TFP 和产出份额变化率，要素错配程度的变化率对 TFP 波动的贡献更大；相比劳动力要素，资本要素的错配系数的变化率更大。4.3 节，分别从城市和行业两个维度，就要素错配程度与 TFP 波动的相关性使用最小二乘法初步进行回归，发现地区（行业）错配程度越高，TFP 的波动越剧烈，且通过了 1% 显著性水平上的检验。

5

基于地区视角要素错配影响全要素
生产率波动的经验分析

第 4 章阐述了要素错配对全要素生产率波动的影响机理，分析得出要素错配程度与城市层面的全要素生产率具有正向作用关系，且引入政府换届作为外部冲击，通过改变要素错配程度放大全要素生产率波动的幅度。为了确保理论分析的准确，本章将从经验层面予以验证。具体来说：首先建立一个面板数据计量模型，并对相关变量加以解释说明；接着，给出变量的描述性统计分析；然后，对理论部分提出的几个假说进行实证检验；最后，为了消除模型潜在的内生性问题，进一步使用系统广义矩估计法对模型进行了再检验。结合地区和行业的不同特征，本书接下来的实证分析中将选择分别从地区和行业两个方面来实施。本章首先利用全国 33 个代表性城市的工业企业数据实证分析要素错配对全要素生产率波动的作用程度。

5.1 模型设定与变量说明

5.1.1 计量模型的构建

本书在第4章通过初步的二元回归，发现我国城市层面的要素错配与全要素生产率波动之间均存在正相关关系。同时，为了考察结论的准确性，我们逐步加入控制变量并进行加权回归，以避免样本观测值数目等因素对于结果的影响。另外，本书将改变估计方法、地区的子样本划分方法，作为稳健性分析。

具体的计量模型设定如下：

$$Volatility\_TFP_{d,t} = \alpha + \beta_1 Misallocation_{d,t} + \beta_2 Misallocation_{d,t}$$
$$\times G_{d,t} + \gamma X_{d,t} + \mu_t + \lambda_d + \varepsilon_{d,t} \quad\quad (5-1)$$

式中，d 表示大中型城市，t 表示年份。被解释变量 $Volatility\_TFP_{d,t}$ 是指城市中企业生产率增长率的离散度，用以衡量城市的全要素生产率的波动幅度。$Misallocation_{d,t}$ 表示城市的要素错配程度，用企业间要素边际报酬的标准差来测算，为本章主要的解释变量；$G_{d,t}$ 是代表政府换届期内年份的虚拟变量，与 $Misallocation_{d,t}$ 的交叉项用于判断政府换届是否通过引起要素错配程度的加剧进而影响全要素生产率波动的传导机制。$X_{d,t}$ 为控制变量，包括人力资本、外商直接投资占比、产品的替代性、所有制结构、人均实际 GDP、城市人口总数、市委书记上任年龄、市委书记工作年限、市委书记受教育程度。μ_d 和 λ_t 分别是城市固定效应和年份固定效应。在地区层面上，本书选取地级市作为行政区划的标准。

5.1.2 变量选取

本章旨在验证城市维度方面要素错配程度与全要素生产率波动之间的关系。同时处于稳健性考虑，本章在基础回归模型上加入了城市控制变量。主要变量的定义与构建思路如下：

5.1.2.1 城市全要素生产率的波动 ($Volatility\_TFP_{d,t}$)

对于城市生产率波动性的计算，本章参照阿斯克等人（Asker et al.，2014）[225]，将所有企业生产率的增长率在城市水平上进行标准化，以去除时间趋势与城市固有特征对波动性的影响，使不同城市间生产率波动性具有可比性。根据第 1 章对全要素生产率波动的定义，本章将采用特定年份 t 城市中各个企业 i 的 TFP 增长率分布的标准差来表示，即 $Volatility\_TFP_{d,t} = std\left(\dfrac{TFP_{i,t} - TFP_{i,t-1}}{TFP_{i,t-1}}\right)$，考虑到索洛（1957）[4]余值法常常因为内生性问题和样本选择性偏误的问题而受到批判，本章采用莱文索恩和彼得林（2003）[97]把中间投入作为工具变量，克服了内生性问题。企业的产值，按照惯例，采用企业的工业增加值。为了具有可比性，这里以 1998 年为基期，计算出各年基于基期的不变价格指数，然后乘以基期年的名义值得到企业各年的实际值。资本投入量，本章借鉴易纲等（2003）[259]的做法，以固定资本存量来表征资本投入量，而固定资本存量的测算采用永续盘存法。那么，需要获得的数据有初始年份的资本存量、固定资产折旧率、年固定资产投资、投资价格指数。劳动力投入量的测算，本章采用国内多数文献的方法，以就业人员数量来表征。

5.1.2.2 城市要素错配程度（*Misallocation_{d,t}*）

根据第 3 章给出的要素错配程度的测算公式，本章采用经济体中所有企业的要素边际生产率的标准差来衡量要素错配程度，即 $Misallocation_{dt} = Std.(\log(TFPR_{it}))$，其中企业的要素边际生产率 $TFPR_{it} = (MRPK_{it})^{\alpha}(MRPL_{it})^{\beta}$，资本要素边际生产率 $MRPL_{it} = \beta_{ik}\dfrac{p_{it}y_{it}}{l_{it}}$，劳动力要素边际生产率 $MRPL_{it} = \beta_{ik}\dfrac{p_{it}y_{it}}{l_{it}}$。在计算出样本年间各企业的资本和劳动的要素边际生产率之后，回代测算出城市的要素错配程度，同样为了便于不同城市之间的比较，我们去除时间趋势后进一步作了标准化处理。由定义知，在没有要素错配的完全竞争要素市场中，企业的要素边际报酬均相等，其离散程度为 0，如果存在要素错配，则要素边际报酬不同的企业之间无法转移要素，企业要素边际报酬离散程度大于 0，且离散程度越大，表示要素错配越严重。$p_{dit}y_{dit}$ 用城市 d 企业 i 年份 t 的销售额来表示。

5.1.2.3 政府换届（$G_{d,t}$）

对于政治周期的确认，文献中有两种方式：一种是每五年下半年召开的中国共产党全国代表大会（以下简称党代会），另外一种是每五年在党代会之后的下一年的上半年召开的全国人民代表大会和中国人民政治协商会议（以下简称"两会"）。由于党代会对中国经济的影响更大，且其与"两会"的时间间隔较近，故使用党代会的召开时间划分政治周期，合并"两会"的影响是合理的（梅冬州，2013）[210]。利用政府是否召开党代会作为政府换届变量，将一个政治周期中的年份划分为 5 个阶段，党代会召开年、召开后一年、召开后两年和召开前一年、召开前两年，在模型中选取其中的四种情况设定为虚拟变量，我们借鉴了王贤彬和徐现祥等（2008）[216]的做法，1~5月的换届归于本年度，6~12月的归于下一年度。通过查阅各省区市年鉴和复旦大学陈硕团队整理的《中华人民共和国地市级党委书记数据库（2000~2010）》，整理出1998~2007年33个大中型城市的市委书记名单（陈硕，2015）[260]，通过人民网、新华网、各地方政府网站查询各城市党代会召开年份。其中，当某市某年有超过1位党委书记时，按照最后上任书记信息为准。

5.1.2.4 控制变量

为了考察要素错配对全要素生产率波动的作用，我们需要控制其他影响城市全要素生产率波动的因素，参考希维尔森（2006）[261]和杨光等（2015）[253]，本书构建了人力资本（hr）、外商直接投资占比（fdi）、产品的替代性（adv）、所有制结构（soe）、人均实际地区生产总值（$gdppc$）、市委书记上任年龄（age）、市委书记工作年限（$wyear$）、市委书记受教育程度（edu）①等控制变量，以控制其他因素对城市经济波动的影响。

人力资本（$hr_{d,t}$）。企业中劳动力的异质性可能会影响到城市的全要素生产率的波动，高质量、高技能的劳动力能够使用更高技能的生产技术、信息技术和服务技术（Bartelsman and Doms，2000；Griffith et al.，2004）[262-263]，劳动力在不同企业之间的流动性更强，当经济受到外部冲击时，随着劳动力要素的调整会加速对低生产率企业的挤出，城市总体全要素生产率提高，波动性下降。为了控制城市中劳动力禀赋的差异性，本书借鉴海勒斯坦和诺伊马克（Hellerstein

---

① 《党政领导干部选拔任用工作条例》中规定："考察党政领导职务拟任人选，必须依据干部选拔任用条件和不同领导职务的职责要求，全面考察其德、能、勤、绩、廉"。

and Neumark，2006）[264] 的方法，用城市层面各个企业的职工平均工资的加权平均值表示劳动力平均工资，作为人力资本的代理变量。

外资（$fdi_{d,t}$）。文献中已经证明 FDI 能够显著地促进生产效率进步，宋结焱和施炳展（2014）指出，外资进入一方面能够使得行业产生竞争效应，致使低效率企业退出市场，另一方面，外资进入会产生一定的技术溢出效应，导致城市内的企业的生产效率以不均匀的速度上升，从而加大了企业之间全要素生产率增长率的离散程度。我们采用城市实际利用 FDI 规模与工业增加值之比来反映利用外资的程度，该比例越高，利用外资越高，反之亦然。采用不同年份的人民币对美元的平均汇率，将城市 FDI 美元折算成人民币计价，用各城市的直接外商投资总额占 GDP 比重取对数值来表示，数据源于《中国城市统计年鉴》（Hallwood and MacDonald，2000）[265]。

产品的替代性（$adv_{d,t}$）。产品替代性会影响到城市内企业间生产率增长率的离散程度。如果产品的替代性较小，消费者在不同产品之间转换的成本就较高，这样即使有些企业的生产率较低，但由于产品的异质性而不易被取代，高生产率的企业无法获得低生产率企业的市场份额，低效率企业的大量存在导致城市内企业的生产率离散度比较高。本书借鉴孙浦阳等（2013）[266]，采用广告投入占总增加值的比重作为度量产品替代性水平的指标，原因是品牌与广告是企业差异化竞争战略的重要组成部分，该指标越高，产品的替代性越小，城市的生产率的离散程度越大，预期城市的波动越剧烈。

所有制结构（$soe_{d,t}$）。本书用城市中国家资本和集体资本占总资本的比重来控制国有资本占比。大量文献表明，我国不同所有制企业之间存在"所有制歧视"，因此要控制行业的所有制对于实证检验的影响。

兰德里（Landry，2003）[267]、姚洋和张牧扬（2013）[268]发现地方官员的个人特征对于解释经济绩效有显著的意义，同级别地方官员虽然面临着相同的政治和财政激励，但是不同特征的地方官员发展辖区经济的偏好、能力都不尽相同（Jones et al.，2005）[269]。本书中我们选取工作年限和受教育程度表征市委书记的个人效应。市委书记的工作年限对城市的经济发展有重要作用。一方面，工作年限越长，经验越丰富，更倾向于采用稳健的财政政策和货币政策，有效抑制经济的波动；另一方面，改革开放后，中国官员治理制度进行了改革，其中最重要的一点是中央建立了退休制度和任期控制制度，那么工作年限越长的市委书记，职业前景越差，晋升激励对他们的作用越弱，推动经济增长的动力就越弱（王贤彬和徐现祥，2009）[270]。市委书记工作年限的指标用观测年份减去开始参加工作的年份来表示。市委书记受教育程度，1980年邓小平提出领导干部的"四化"政策，即知识化、专业化、年轻化和革命化，张尔升（2010）[271]分别从省级和市级两个层面证实了理性的官员会追求更高的教育水平，受教育年限和专业背景是经济增长重要的预测变量。王贤彬和周靖祥（2013）[272]利用省级官员的数据，得出了学历差异导致显著财政支出结构差异的结论。在现行财政体制下，公共投入由地方政府完成，高学历的官员在晋升激励体制下，更倾向于将地方财政支出结构用于"生产性支出"，一味地主张扩张的财政支出政策会削弱中央政府公共支出的经济稳定职能，加剧地区经济的波动（邓子基，唐文倩，2012）[273]；低学历官员在竞争中处于劣势，更偏向于把财政收入用于在职消费和公共服务。本书使用是否为本科以上学历来表示，是为1，否为0；相关数据来自复旦大学陈硕团队整理的《中华人民共和国地市级党委书记数据库（2000~2010）》，1998年和1999年数据缺失，按缺失值处理。

除此以外，还加入《中国城市统计年鉴》中的"城市人口总数"和城市人均地区生产总值，分别控制地区发展程度差异和劳动力数量差异，城市人均实际地区生产总值，具体将城市的名义地区生产总值除以地区生产总值平减指数（1998 = 100）得到实际地区生产总值，然后除以总人口得人均实际地区生产总值，并且作对数处理，各变量统计性描述如表5 - 1所示。

表5 -1 　　　　　　　　变量统计性描述

变量性质	变量名	观测值	均值	标准差	最小值	最大值
被解释变量	城市 TFP 的波动（voltfp）	338	0.85	0.22	0	1.55
解释变量	要素错配程度（misall）	340	0.16	1.71	0.03	2.65
控制变量	人力资本（hr）	338	8.14	0.93	5.29	11.26
	外资比重（lnfdi）	338	0.04	0.04	0	0.21
	产品的替代性（lnadv）	338	4.32	1.24	1.39	7.50
	所有制结构（soe）	340	0.06	0.07	0.01	0.41
	城市人均地区生产总值（lngdppc）	285	14.62	1.59	10.20	18.28
	书记上任年龄（age）	274	51.86	4.53	37	60
	书记工作年限（wyear）	272	31.31	4.68	17	43
	书记受教育程度（edu）	283	0.89	0.31	0	1

5.1.3 数据来源

本书的基础数据来自国家统计局发布的中国工业企业数据库，该数据库的年份区间为 1999~2009 年，统计对象是全部国有工业企业与规模以上非国有企业，统计范围包括企业的代码、资本构成、归属地以及财务信息，是截至目前最全面的企业数据库。我国工业企业数据库原始数据存在样本选择、数据缺漏和异常值等问题，尤其 2008年、2009 年存在大量的缺失样本，数据质量相对较低，因此本书参照多数已有研究的做法，将样本区间设置在 1998~2007 年。本书参考勃兰特等人（2012）[12]的做法，对原始数据进行了修正和调整。使用工具软件 Stata MP 12.0 进行数据的分析和处理，首先对数据进行了筛选。为解决样本异常值的问题，在筛选样本时剔除了以下观测值：关键性指标（就业人数、固定资产净值、工业总产值等）为零或为不合理负数及异常数值的奇异点的企业；年销售额低于 1000 万元以下或者就业人数不足 20 人的企业；信息在观察年度不连续的企业。本书选取中国 33 个大中型城市，约 391326 个企业为研究样本。核心变量的统计性描述见表 5-1。部分数据来源于《中国城市统计年鉴》和《中国统计年鉴》。

5.2 计量过程分析

5.2.1 内生性检验

在要素错配影响全要素生产率波动的计量模型中，解释变量与被解释变量之间可能存在逆向因果关系而产生内生性问题。全要素生产率的波动性增加就意味着生产率增长较快的企业增长更快，而生产率增长较慢的企业增长更慢。对资源紧缺型企业来说，由于受到流动摩擦的约束，无法扩张至期望水平，为要素报酬率低的企业留下了进入空间，因此资源配置程度将会加剧。可见，解释变量与被解释变量之间存在的内生性问题会导致它们之间的因果关系难以判定（Conyon，1995）[274]，传统的计量方法包括普通最小二乘法、广义最小二乘法以及极大似然估计的结果将出现非一致性，对此，本书采用广义矩 GMM 法来对参数进行估计（Arellano and Bond，1991）[275]，具体步骤如下：第一，对回归方程施加一阶差分变换；第二，选择解释变量的滞后项作为差分方程中内生变量的工具变量，并对差分方程进行估计。差分广义矩估计（DIF - GMM）在第一步差分过程中抵消了固定效应的作用，且易受弱工具性影响而产生有限样本偏误。阿雷拉诺和博威尔（Arellano and Bover，1994）[276] 提出了改进办法，即系统广义矩方法 SYS - GMM。在差分广义矩的基础上，加入水平方程作为矩条件，然后以滞后变量的一阶差分项作为水平方程中的工具变量，即系统广义矩估计（SYS - GMM）方法，用以弱化并解决模型中的内生性问题。

5.2.2 平稳性检验

在模型估计前，首先需要对样本数据进行稳定性检验以减少伪回归情况，本节采用"费雪式"（Fisher type）统计量对被解释变量、解释变量和控制变量进行单位根检验，发现所有样本的水平数据都在显著性水平上拒绝存在单位根的原假设，判断为平稳时间序列。

5.2.3 实证结果分析

具体估计结果见表 5 - 2。

表 5－2 要素错配影响地区全要素生产率的估计结果

被解释变量：城市全要素生产率

变量	东部地区		东北地区		中西部地区		全国			
	模型（1）	模型（2）	模型（3）	模型（4）	模型（5）	模型（6）	模型（7）	模型（8）	模型（9）	模型（10）
L.tfpvol									0.2565* (1.73)	0.3041* (1.951)
misalo	0.1368** (2.14)	0.1422*** (25.68)	0.2897** (2.25)	5.4986*** (9.89)	0.1233** (2.09)	0.2503* (2.47)	0.0964*** (2.71)	0.4434** (2.72)	0.0693** (2.42)	0.0278** (2.16)
partyb1×misalo	0.0619 (1.32)	0.1337** (2.51)	0.0118 (0.20)	0.5383 (4.53)	-0.0773 (-1.58)	-0.3483 (-0.75)	-0.0019 (-0.07)	-0.1046** (-2.56)	-0.0008 (-0.02)	-0.2718*** (-2.73)
partyp×misalo	0.0277 (0.60)	0.0473 (1.69)	0.0116 (0.21)	0.1145 (1.35)	0.0613 (1.37)	0.0673 (1.37)	0.0358 (1.31)	0.0396 (0.44)	0.0411 (0.82)	0.2251 (1.07)
partya1×misalo	0.0482 (0.75)	1.8572 (1.51)	0.0935** (1.99)	0.1489** (2.54)	0.1090** (2.31)	0.3345*** (5.15)	0.0814* (1.90)	0.1343** (2.04)	0.0320 (0.80)	0.2729*** (2.68)
partya2×misalo	0.0295 (0.65)	0.0664 (1.04)	-0.0690 (-1.08)	-0.3655* (-3.09)	0.0592 (1.28)	0.3534*** (4.12)	0.0226 (0.86)	0.0764 (0.95)	0.0349 (0.71)	0.3224 (1.22)
hr		-0.1559** (-5.83)		-4.2075*** (-6.87)		-0.0191 (-0.45)		-0.1120 (-0.85)		-0.1036 (-0.26)
lnfdi		-6.2702*** (-5.00)		-19.9048** (-3.42)		-0.6419 (-0.94)		-0.9361*** (-5.78)		-0.9713*** (-2.78)

131

续表

被解释变量：城市全要素生产率

变量	东部地区		东北地区		中西部地区		全国			
	模型（1）	模型（2）	模型（3）	模型（4）	模型（5）	模型（6）	模型（7）	模型（8）	模型（9）	模型（10）
lnadrt		0.0921 (1.30)		0.2191** (5.30)		0.0349** (2.19)		0.0256 (0.79)		0.0335 (0.23)
soe		3.3789** (8.28)		6.2760** (7.15)		1.1839** (2.07)		2.1916*** (3.30)		2.2676*** (2.31)
age		-0.0068* (-2.43)		-0.2638** (-2.54)		-0.0043*** (-3.52)		-0.0715*** (-3.05)		-1.8061*** (-2.35)
edu		0.0671 (1.36)		2.5617*** (37.75)		0.0357 (0.35)		0.4943*** (2.65)		0.7024* (1.65)
uyear		-0.0011 (-0.10)		0.2008 (1.74)		0.0185 (1.08)		0.0724 (3.95)		0.3769 (2.02)
lncapita		-0.0783*** (-2.11)		-0.0795 (-0.64)		-0.0591* (-2.27)		-0.0580 (-1.15)		-0.0349 (-0.28)
cons	0.6295*** (8.37)	-29.1580 (-5.26)	0.9528*** (17.61)	1.4462 (3.26)	0.7362*** (9.69)	2.4234 (4.06)	0.7685*** (18.87)	3.1391** (2.49)	0.7685*** (18.87)	0.7098** (1.98)
year effect	No	Yes	No	Yes	No	Yes	No	Yes	No	Yes

续表

被解释变量：城市全要素生产率

变量	东部地区		东北地区		中西部地区		全国			
	模型 (1)	模型 (2)	模型 (3)	模型 (4)	模型 (5)	模型 (6)	模型 (7)	模型 (8)	模型 (9)	模型 (10)
city effect	No	Yes	No	Yes	No	Yes	No	Yes	No	Yes
F-statistic	16.31*		5.58**		1.88	15.47***	2.57***	2.49*		
p值	(0.07)		(0.01)		(0.17)	(0.01)	(0.00)	(0.09)		
Hausman-statistic (p值)	0.01		0.09		0.03		0.05			
obs	80	80	70	70	110	110	260	260	260	260
R²	0.1857	0.9953	0.3264	0.8605	0.0188	0.9021	0.0246	0.8093		
AR (1)									0.000	0.002
AR (2)									0.381	0.797
Hansen									0.125	0.183
估计方法	FE	Pool ols	FE	Pool ols	FE	Pool ols	FE	Pool ols	SYS - GMM	SYS - GMM

注：(1) ***、**、*分别表示在1%、5%和10%的水平上显著，各回归系数下面的括号中值为t、z值；(2) L.tfpvol 表示被解释变量的一阶滞后，是要素错配程度的工具变量。根据 Hausman Test 的检验结果，拒绝了原假设，故选择固定效应模型；经 Pearson 相关系数检验量和方差膨胀因子检验方法，结果显示变量之间不存在显著的共线性。

133

模型（1）、模型（3）、模型（5）、模型（7）首先检验了核心解释变量要素错配程度对全要素生产率波动的影响，通过 Hausman 检验确定为固定效应（FE）模型；模型（2）、模型（4）、模型（6）、模型（8）中加入了一系列控制变量，包含控制个体属性的虚拟变量，故不能使用固定要素估计，只能进行混合最小二乘（pooled least square）估计。在检验各变量之间是否存在共线性时，采用 VIF 方差膨胀因子检验方法，得出各变量的 vif 值远小于 10，变量之间不存在多重共线性问题。运用德里斯科尔和克雷（Driscoll and Kraay，1995）[277] 的方法对面板回归模型的异方差检验和自相关进行处理。进一步，核心解释变量要素错配程度与全要素生产率的波动之间存在内生性，为了弱化变量间的内生性问题，因此选用被解释变量的一阶滞后项作为工具变量引入系统 GMM 估计，见模型（9）和模型（10）的估计结果。系统广义矩方法能够同时利用差分方程及水平方程的信息，针对"小跨期、大样本"的面板数据呈现出良好的估计结果（张杰等，2011a）[59]。我们的样本数据包含 33 个代表性大中型城市，差分后年份只有 9 年，满足"大 N，小 T"，因而采用系统广义矩估计方法是合适的。那么，接下来一个重要的问题是需要判断选取的工具变量是否有效。借鉴王文（2014）[248]，采用 Hansen 检验法能够较为准确地判定是否可以拒绝所有的工具变量中至少包含一个有效的工具变量的原假设。由于 GMM 估计要求残差项不存在二阶序列相关性，将使用 AR(1) 及 AR(2) 检验。从表中可以看出，Hansen Test 的 p 值大于 0.1，表明不能拒绝原假设，即工具变量是有效的。AR(1) 检验的 p 值说明存在一阶序列相关，AR(2) 检验的 p 值不能拒绝原假设，表明不存在序列相关。

通过观察各计量模型的回归结果，可以发现：第一，在全国样本和分地区的样本中，要素错配程度与全要素生产率的波动之间均表现出显著的正向相关关系，加入控制变量后，这一结论仍然显著，说明要素错配程度变化越大的地区，全要素生产率波动的幅度就越大，假说一得证。第二，核心解释变量党代会召开的年份与要素错配的交互项对全要素生产率波动的影响系数在东部地区、东北地区、中西部地区与全国样本的四组回归中正负号及有效性差异较大。具体来说：由模型（1）的估计结果可知，东部地区党代会召开前后年份通过要素错配程度的变化对全要素生产率波动影响不显著，引入控制变量后我们发现党代会召开前一年会引起要素的流动，进而全要素生产率的波动具有放大作用，在10%的水平上通过了显著性检验。东北地区的估计结果显示党代会召开后的第一年，要素错配程度的加剧对全要素生产率波动的影响较为明显，通过了5%的显著性水平检验，在党代会召开后的第二年，要素错配程度的变动对全要素生产率的波动产生逆向作用。由第4章我们发现中西部地区的错配程度大于东部地区，东北地区的要素配置随着大型国有企业的转型发生明显的变化。鉴于此，我们区分东部地区、东北地区和中西部地区子样本进行回归。表5-2中报告了模型（1）~模型（6）子样本的估计结果。不难发现，中西部地区在党代会召开的后两年，要素错配程度加剧，引起全要素生产率更大幅度的波动。以全国样本来看，党代会召开前要素错配程度的变化对经济波动具有抑制作用，党代会召开的后一年，政府换届通过要素错配程度的恶化导致了更大范围的经济波动，且在1%的水平上显著。可能的原因是：党代会召开之前，全要素生产率的波动已经开始加剧，政府换届作为消息冲击，会给予市场一个利好的信号，新上任的官员通过加大投资力度以求在晋升"锦标赛"上胜出，对未来市场上资本的看多，会增加要素在受资源约束型高生产率部门的配置，要素错配程度降低。另外，政府换届后，政府官员开始集优势资源对重点行业与企业进行补贴，从而加重了要素错配程度，放大了经济波动。中西部地区的政府换届通过要素错配程度的改变对经济波动的影响大于东部地区和东北地区，说明政府干预在经济贡献中的作用更大，这也符合目前的实际状况。引入要素错配程度的变化作为与政府换届的交互项用以探寻换届引起经济波动的传导机制，我们发现交互项在显著性水平上对经济波动有正向作用。这一结果证实了假说二，即政府换届通过改变要素错配程度引起全要素生产率的波动。第三，对于控制变量，人力资本（hr）对全要素生产率波动的影响为负，说明劳动力素质水平越高，城市经济波动的幅度越小，反之，劳动力素质越低，经济的波幅更大。可以解释为：劳动力拥有高技能与高素质，要素流动摩擦降低的情况下，从低生产率企业流动到高生产率企业的可能性增加，从而加速了对低生产率企业的挤出，随着城市中企业之间生产率增长率的趋同，抑制了经济波动。对比子样本与全国样本，我们发现人力资本平抑经济波动的作用在东部和东北地区较为显著，分别在5%和1%的显著性水平上通过了检验，原因是中西部地区的错配程度较为严重，劳动力的配置格局较为固化，人力资本的流动对低生产率企业的挤出效应不甚敏感。外资（fdi）进入对城市全要素生产率波动的影响有两个方面。一方面，外资产生竞争效应，加速低生产率企业的淘汰，平抑经济波动；另一方面，外资产生技术溢出效应，增加企业之间生产率增长率的差异，放大经济波动。从回归结果来看，竞争效应大于技术溢出效应，外资对全要素生产率波动的影响系数在东部、东北及全国样本中显著，在中西部地区不显著，这很有可能是中西部地区实际利用的 FDI 额占比比较低的缘故。产品的替代性（$adrt$）采用广告投入占总产值的比重来表示的，故广告支出越多，表明产品的差异化越大，被替代性就越小。模型中的结果均显示产品的替代性愈小，经济波动就越大。这是因为，低生产率企业生产出差异化程度很高的产品，高生产率企业无法通过扩张规模将低生产率企业的市场份额侵占，企业生产率的离散程度相对较高，生产率的波动幅度较大。国有企业（soe）占比越大，经济波动幅度就越大，国有企业相对于非国有企业面临政策性负担，包括承担过多的冗员和工人福利等职能而形成的社会性负担和在传统的赶超战略的影响下投资于不具备比较优势的产业区段所形成的战略性负担，因此长期享有政府补贴处于生产率较为低下的状态，同时对高生产率企业形成资源约束，城市中生产率的离散程度较大，加剧了经济波动。市委书记的年纪越大，经济波动幅度越小。杨松滨（1998）[278]和盛艳等（2002）[279]提出 59 岁现象，即政府按官员在临近退休期也是腐败高发期，企业为了配置到更多资源进行游说，官员通过扭曲要素获得利益回报，故加大错配程度，引发波动。但从四组模型的回归结果来看，年纪越大的官员更倾向于稳健的财政与货币政策以平抑经济的波动，而市委书记的上任时间与经济波动之间并无明显的相关关系。市委书记受教育程度与参加工作年限对于城市全要素生产率的波动有正向作用；人均产出对一个地区的经济波动有平滑作用，在东部地区变现尤为明显，可能是人均产出高的地区，要素的流动性更高，根据外部冲击做出调整更加及时与准确，经济波动更加平缓。第四，模型（9）和模型（10）运用 SYS - GMM 方法克服全国样本的潜在内生性问题，由估计参数及检验结果可以发现，Hansen 检验工具变量是否存在过度识别的 p 值均大于 0.1，表明无法拒绝所有工具中至少包括一个有效工具变量的原假设，Arellano - Bond 序列相关检验，AR(1) 等于 0，表明统计上拒绝了不存在一列序列相关的原假设，AR(2) 的 p 值大小显示残差项不存在二阶序列相关。系统 GMM 的估计结果与表 5 - 2 中模型（7）和模型（8）的估计结果相对比，各核心解释变量的系数大小与方向并没有发生太大变化且显著性有了明显提高，进而确保了实证结果的准确性。

5.3 本章小结

本章在第 3 章理论分析的基础上，基于地区视角从实证的角度考证了要素错配对全要素生产率波动的影响机制。对信息冲击通过要素的流动引起全要素生产率波动的传导机制进行了实证分析。首先，本书测算出的要素错配程度经过变换，得到新的数据序列，同时采集 1998～2007 年工业企业数据库中的其他相关指标数据建立了以地级市为单位的面板数据作为研究样本，并对其进行了描述性统计分析。其次，基于固定效应模型和混合效应模型，对第 3 章提出的关于地级市层面的要素错配程度是政府换届冲击影响 TFP 波动的传导机制以及要素错配程度与 TFP 波动幅度之间相关关系的两大假说进行了实证检验，结果发现，在所有模型中，党代会召开的后一年，地方政府换届通过城市层面要素错配程度的恶化放大了经济波动，且要素错配程度越严重，城市 TFP 的波动越剧烈。进而，通过将 33 个大中型城市划分为东部、东北、中西部三个子样本，以此来检验所得结论的稳定性，并发现中西部地区的政府换届通过要素错配程度的改变对经济波动的影响大于东部和东北地区。同时，加入了可能影响城市 TFP 波动的其他控制变量包括人力资本、外资、所有制结构、市委书记的工作年限和受教育程度等个人特征等，模型的结果保持稳健。最后，为了克服模型中可能存在的内生性问题，保证结果的真实有效，本章采用系统 GMM 方法进行了再检验，所得结果仍然保持一致。

6

基于行业层面要素错配影响全要素
生产率波动的实证分析

第 5 章从地区视角考察了政府换届作为外部冲击通过改变要素的配置状态进而引起 TFP 波动的传导机制。那么，行业层面是否也存在同样的影响经济波动的路径呢？基于第 4 章理论基础的讨论，我国行业层面存在明显"垄断—竞争"二元分割，不同于西方发达国家，我国部分行业的垄断地位并非出于自然垄断，而是政府的发展战略。这不仅阻碍了资本和劳动力要素的行业之间自由流动，更造成了行业内部不同所有者性质企业之间的要素错配，由此引发了行业层面全要素生产率的剧烈波动的问题。本章将基于第 4 章所述的理论基础，从经验视角予以验证。具体方法是：首先建立了一个面板数据计量模型，并对补充变量加以解释说明；然后，给出变量的统计性描述分析；最后，将使用二位码工业行业的面板数据对理论部分提出的几个假说进行实证检验。

6.1 模型设定与变量说明

6.1.1 计量模型的构建

本节通过逐步加入控制变量并以企业产值为权重进行加权回归，对行业维度要素错配程度与生产率波动性之间的影响关系进行实证检验。引入政府换届作为外部冲击，与要素错配程度的交互项对行业经济波动性的效应进行验证，用以观察要素错配对外部冲击引起经济波动是否存在放大作用。另外，本节将改变估计方法和行业子样本的划分方法，进行稳健性分析。

具体的计量模型设定如下：

$$Volatility\_TFP_{j,t} = \alpha + \beta_1 Misallocation_{j,t} + \beta_2 Misallocation_{j,t}$$
$$\times G_{j,t} + \gamma X_{j,t} + \mu_t + \lambda_j + \varepsilon_{j,t} \qquad (6-1)$$

式中，j 表示工业二位码行业，t 表示年份。被解释变量 $Volatility\_TFP_{j,t}$ 为行业全要素生产率的波动幅度；解释变量 $Misallocation_{j,t}$ 表示行业的要素错配程度，用行业内企业间要素边际报酬的标准差衡量；$G_{i,t}$ 是代表政府换届期内年份的虚拟变量，与要素错配程度的交叉项用于判断是否存在政府换届通过加剧要素错配程度的恶化进而影响全要素生产率波动的传导机制。$X_{j,t}$ 为控制变量，包括行业沉没成本、劳动力质量、产品替代性、所有制结构、全要素生产率的增长率、外商直接投资。μ_i 和 λ_t 分别是行业固定效应和年份固定效应，$\varepsilon_{j,t}$ 表示随机扰动项。

6.1.2　变量选取

6.1.2.1　行业全要素生产率的波动（$Volatility\_TFP_{j,t}$）

将所有企业生产率增长率去除时间趋势后，在行业水平上进行标准化，以去除时间趋势及行业固有特征对波动性的影响，使不同时间不同行业的生产率波动性具有可比性。本书将特定年份的行业内的波动性，定义为该年份行业中各企业生产率增长率分布的标准差，即

$Volatility\_TFP_{j,t} = std\left(\dfrac{TFP_{j,t} - TFP_{j,t-1}}{TFP_{j,t-1}}\right)$。对于企业 TFP 的测算同样采

用莱文索恩和彼得林（2003）[97] 的方法，产值、资本和劳动力要素投入量的数据处理也同于第 5 章。

6.1.2.2　行业内企业间要素错配程度

采用行业内企业间要素边际报酬的标准差衡量要素错配程度。在没有资本要素错配的完全竞争要素市场中，企业的要素边际报酬均相等，其离散程度为 0，如果离散度不为 0，说明存在错配，且行业内企业间离散度越大，要素错配越严重。用第 3 章的数理公式表示为 $Misallocation_{jt} = Std.(\log(TFPR_{jit}))$，第 j 个行业各企业 c 的边际收益生产率 $TFPR_{jit} = (MRPK_{jit})^{\alpha_j}(MRPL_{jit})^{\beta_j}$，资本要素和劳动力要素的边际生产率分别为 $MRPL_{jit} = \beta_{jk}\dfrac{p_{jit}y_{jit}}{l_{jit}}$，$MRPL_{jit} = \beta_{ik}\dfrac{p_{jit}y_{iit}}{l_{jit}}$，$p_{jit}y_{jit}$ 表示行业 j

企业 i 年份 t 的销售额。然后以 39 个二位码工业行业为研究样本，求出各个行业内企业间要素边际报酬的标准差。为了避免时间趋势、行业特征的影响，对企业的要素边际生产率在行业水平上进行去时间趋势的标准化处理，从而在异质性行业之间具有可比性。

6.1.2.3　政府换届 G_{jt}

政府换届作为外部冲击，对其的定义与描述，同样采用党代会的召开作为换届的变量。通过人民网、新华网、各地方政府网站查询党代会召开的年份，借鉴梅东州（2013）[210]，将一个政治周期中的年份划分为5个阶段，党代会召开年、召开后一年、召开后两年、和召开前一年、和召开前两年，在模型中选取其中的四种情况设定为以虚拟变量表示。

6.1.2.4　控制变量

为控制企业和行业特征对全要素生产率波动的影响，参考贝特斯曼和多姆斯（Bartelsman and Doms，2000）[123]、希维尔森（2004）[122]、孙浦阳等（2013）[266]，本书构建了行业的沉没成本、劳动力质量、产品替代性、所有制结构、全要素生产率的增长率、外商直接投资等控制变量。

（1）行业沉没成本（kl_{jt}），与企业进入退出行为密切相关。一般来说，行业的沉没成本越大，企业进入和退出就越困难，行业中不同企业生产率增长率的离散程度就越大。本书借鉴萨顿（Sutton，1991）[280] 用资本劳动比的对数值测量行业沉没成本。除此之外，资本—劳动力之比还可以反映技术水平和资本密集度等方面的信息，帮助我们控制一些没有观测到的因素。

（2）人力资本（hc_{jt}），即劳动力质量的高低，影响一个企业的生产率，高技能的劳动力可以使用更复杂的技术，提高要素的利用效率（Bartelsman and Doms，2000）[123]。另外，行业的劳动力质量越高，劳动力在不同企业之间的流动性更强，有利于平滑经济波动。本书参考海勒斯坦和诺伊马克（2007）[264]，使用劳动力平均工资的对数值作为劳动力素质的代理变量，控制行业中劳动力禀赋的差异性。

（3）产品替代性，即产品的差异化程度（is_{jt}）。一方面，行业层面产品的差异化越高，劳动者在企业之间的机会主义行为就越小，要素跨部门流动的门槛较高，对低生产率企业的挤出效应就越小，外部冲击将引起更大的行业波动性。另一方面，对于生产者来说，所在的行业生产的产品的同质性越大，企业根据宏观经济的景气状况进行调整的能力就越强，即可通过重新配置资源，有效抑制行业经济波动。品牌与广告是厂商差异化竞争战略的重要组成部分，本书借鉴孙浦阳等（2013）[266]和杨光等（2015）[253]，采用企业的广告费用支出占行业总增加值比重来衡量产品替代性水平的指标，该指标越高，产品替代化程度越低，反之则越高。

（4）所有制结构（soe_{jt}）。本文用行业中国家资本和集体资本占总资本的比重来控制行业的国有资本占比，有大量文献表明，我国不同所有制企业之间存在"所有制歧视"的说法，因此要控制行业的所有制对于实证检验的影响。

（5）全要素生产率的增长速度（tfp_{jt}），用来测度技术进步。RBC学派认为技术进步冲击是造成经济波动的主要原因，指出该冲击反映了不可交易或不可度量的生产投入对经济波动的影响。

（6）外商直接投资（fdi_{jt}），外资流入行业，对改变行业经济波动有重要作用（Hallwood and MacDonald，2000）[265]。孙浦阳和彭伟瑶（2014）[281]就外资的进入对微观企业间要素配置效率的影响进行了检验，结果发现 FDI 能有效补充受资源约束企业外部融资的缺口，随着生产规模的扩张，加大了对低生产率企业的挤出，降低了企业之间生产率增长率的离散度，对行业全要素生产率的波动具有负向作用。本书使用实际利用 FDI 规模与 GDP 增加值之比的对数值来表示 FDI 流入情况，该比例越高，说明 FDI 流入越高，反之则越低，预期该变量在回归中符号为负。

6.1.3　数据来源

在行业维度上，本章采用国民经济行业编码中的二分位行业，利用1998～2007 年国家统计局发布的中国工业企业数据库，度量了各年份行业层面上企业生产率的波动性和行业的要素错配程度，从而对要素错配与行业全要素生产率的波动的关系进行验证。样本研究对象是全部国有企业与规模以上非国有企业，统计范围包括企业的代码、资本构成、归属地以及财务信息，是截至目前最全面的企业数据库，我国工业企业数据库原始数据存在样本选择、数据缺漏和异常值等问题，本章参考勃兰特等人（2012）[12] 的做法，在筛选样本时剔除了以下观测值：关键性指标（就业人数、固定资产净值、工业总产值等）为零或为不合理负数及异常数值的奇异点的企业；年销售额低于 1000 万以下或者就业人数不足 20 人的企业；信息在观察年度不连续的企业。本书选取中国 39 个工业行业，491037 个企业为研究样本。部分数据来源于《中国工业行业统计年鉴》《中国统计年鉴》。

各变量统计性描述见表 6 – 1。

表 6 –1　　　　　　　　各变量统计性描述

变量类型	变量名	观测值	均值	标准差	最小值	最大值
解释变量	要素错配程度（misalo）	339	1.09	0.25	0	1.98
控制变量	行业沉没成本（kl）	339	12.76	16.56	0.37	187.94
	行业人力资本（hc）	339	10.88	7.31	0	90.85
	产品替代弹性（is）	339	1.19	2.35	0	11.94
	所有制结构（soe）	339	0.07	0.16	0	1.47
	技术水平（tech）	339	1.62	0.61	0.82	3.63
	外商直接投资（fdi）	339	5.57	2.06	0.23	9.59

6.2　计量过程分析

6.2.1　内生性检验

在设定行业层面要素错配影响全要素生产率波动的计量模型中，同样可能存在内生性问题。原因是行业的全要素生产率的波动性增加，就意味着生产率增长率的离散度增加，高生产率企业由于受到资源约束，无法扩张至期望水平，为要素报酬率低的企业留下了进入空间，因此资源配置程度将会加剧，那么核心解释变量以及控制变量与被解释变量之间存在逆向因果关系。解释变量与被解释变量之间存在的内生性问题会导致它们之间解释变量与被解释变量之间的因果关系难以判定（Conyon，1995）[274]，传统的计量方法包括普通最小二乘法、广义最小二乘法以及极大似然估计的结果将出现非一致性，对此，本书采用广义矩 GMM 法来对参数进行估计（Arellano and Bond，1991）[275]。具体步骤如下：第一，对回归方程施加一阶差分变换；第二，选择解释变量的滞后项作为差分方程中内生变量的工具变量，并对差分方程进行估计。差分广义矩估计（DIF – GMM）在第一步差分过程中抵消了固定效应的作用且易受弱工具性影响而产生有限样本偏误。阿雷拉诺和博威尔（1995）[276]提出了改进办法，即系统广义矩方法 SYS – GMM。在差分广义矩的基础上，加入水平方程作为矩条件，然后以滞后变量的一阶差分项作为水平方程中的工具变量，即系统广义矩估计（SYS – GMM）方法，用以弱化并解决模型中的内生性问题。

6.2.2 平稳性检验

在模型估计前，首先需要对样本数据进行平稳性检验以减少伪回归情况，本节采用 ADF - Fisher 对被解释变量、解释变量和控制变量进行单位根检验，发现所有变量都是平稳的，因此取变量的水平值进行实证分析。

6.2.3 实证结果分析

具体估计结果见表 6 - 2。

模型（1）首先检验了核心解释变量要素错配程度对行业全要素生产率波动的影响，通过 Hausman 检验确定为固定效应（FE）模型，模型（2）~模型（7）中逐步加入控制变量，进行混合最小二乘估计。在模型估计之前，对各变量之间是否存在共线性进行检验，采用 VIF 方差膨胀因子检验方法，得出各变量的 vif 值远小于 10，变量之间不存在多重共线性问题。运用德里斯科尔和克雷（1998）[277] 的方法对面板回归模型的异方差检验和自相关进行处理。进一步，针对核心解释变量要素错配程度与全要素生产率的波动之间可能存在的内生性问题，本章将继续选用被解释变量的一阶滞后项作为工具变量引入系统 GMM 估计，模型（8）和模型（9）展示了估计结果。本章从行业层面进行实证，研究样本数据包含 39 个二位码行业，差分后年份只有 9 年，满足"大 N，小 T"，故采用系统广义矩估计方法也是适宜的。那么，选取的工具变量是否有效呢？为判断工具变量的有效性，

148

表6-2　要素错配对全行业全要素生产率波动影响的估计结果

变量	被解释变量：行业全要素生产率的波动 全样本								
	模型（1）	模型（2）	模型（3）	模型（4）	模型（5）	模型（6）	模型（7）	模型（8）	模型（9）
L.tfpvol								0.2534 (0.332)	0.2594* (0.099)
misalo	0.1952** (0.018)	0.3298*** (0.001)	0.3383*** (0.001)	0.3396*** (0.001)	0.3245*** (0.001)	0.2789* (0.052)	0.2109* (0.084)	0.1869* (0.059)	0.5780* (0.100)
partyb1×misalo	-0.0097 (0.738)	-0.0102 (0.681)	-0.0096 (0.705)	-0.0066 (0.797)	-0.0063 (0.806)	-0.0068 (0.861)	0.0279 (0.715)	-0.0259 (0.563)	-0.1423* (0.057)
partyp×misalo	-0.0262 (0.370)	-0.0263 (0.246)	-0.0266 (0.250)	-0.0239 (0.339)	-0.0129 (0.590)	-0.0897 (0.208)	0.0112 (0.883)	-0.0206 (0.610)	-0.0698 (0.273)
partya1×misalo	0.3818*** (0.000)	0.3842*** (0.000)	0.3855*** (0.000)	0.3820*** (0.000)	0.3871*** (0.000)	0.4849*** (0.000)	0.4691*** (0.000)	0.4350*** (0.000)	0.4427*** (0.000)
partya2×misalo	0.2033*** (0.000)	0.1975*** (0.000)	0.2007*** (0.000)	0.1973*** (0.000)	0.2017*** (0.000)	0.1982*** (0.000)	0.2011*** (0.000)	0.1153 (0.243)	0.1604*** (0.004)
kl		0.0011* (0.062)	0.0001 (0.955)	0.0014 (0.939)	0.0047 (0.800)	0.0015 (0.640)	0.0003 (0.911)		0.0076* (0.098)
hc			-0.0044 (0.441)	-0.0044 (0.428)	-0.0055 (0.313)	-0.0128* (0.094)	-0.0459*** (0.000)		-.0185** (0.022)

续表

被解释变量：行业全要素生产率的波动

变量	模型（1）	模型（2）	模型（3）	模型（4）	模型（5）	模型（6）	模型（7）	模型（8）	模型（9）
					全样本				
is				0.0340**	0.0101*	0.0059	0.0021		0.0076*
				(0.026)	(0.092)	(0.589)	(0.838)		(0.098)
soe					0.2824***	0.0669*	0.1374***		1.0334**
					(0.002)	(0.066)	(0.005)		(0.018)
fdi						-.0417**	-.0001**		-0.0292**
						(0.046)	(0.039)		(0.038)
tech							-0.0343***		-0.0368*
							(0.000)		(0.099)
cons	0.2871	0.1204	0.0855	0.0881	0.1062	-0.2526	0.0374		
	(0.001)	(0.246)	(0.451)	(0.441)	(0.365)	(0.191)	(0.808)		
year effect	No	Yes	Yes	Yes	Yes	Yes	Yes	Yes	Yes
city effect	No	Yes	Yes	Yes	Yes	Yes	Yes	Yes	Yes
F-statistic	35.65	22.20	19.70	20.50	16.89	12.41	15.55		
p值	(0.000)	(0.000)	(0.000)	(0.000)	(0.000)	(0.000)	(0.000)		

续表

被解释变量：行业全要素生产率的波动

变量	模型（1）	模型（2）	模型（3）	模型（4）	模型（5）	模型（6）	模型（7）	模型（8）	模型（9）
				全样本					
Hausman-statistic（p值）	0.09								
obs	305	305	305	305	305	305	305	236	236
R^2	0.4013	0.3599	0.3634	0.3641	0.3847	0.5481	0.5668		
AR（1）					*			0.025	0.017
AR（2）								0.680	0.441
Hansen Test（p值）								0.135	0.275
估计方法	FE	Pool OLS	Pool OLS	Pool OLS	Pool OLS	Pool OLS	Pool OLS	SYS – GMM	SYS – GMM

注：***，**，*分别表示在1%、5%和10%的水平上显著，各回归系数下面的括号中值为p值。

进行 Hansen Test 进行检验，原假设是所有的工具变量中至少包含一个有效的工具变量。表 6 - 2 中，Hansen Test 的 p 值大于 0.1，表明不能拒绝原假设，即工具变量是有效的。由于 GMM 估计要求残差项不存在二阶序列相关性，将使用 AR（1）及 AR（2）检验。AR（1）检验的 p 值说明存在一阶序列相关，AR（2）检验的 p 值不能拒绝原假设，表明不存在序列相关。

通过观察各计量模型的回归结果，可以发现：第一，在全行业样本中，要素错配程度与全要素生产率的波动之间均表现出显著的正向相关关系，逐步加入控制变量后，这一结论仍然显著。考虑到要素错配程度与全要素生产率的波动之间存在内生性，选用被解释变量的一阶滞后项作为工具变量引入系统 GMM 估计，模型（8）和模型（9）中均在 10% 的显著性水平上表现出正向相关关系，这一结果说明随着行业内要素错配程度的加剧，全要素生产率波动的幅度越来越大，假说一得证。第二，引入政府换届作为外部冲击，通过构建党代会召开年份与要素错配程度的交互项，观察对行业全要素生产率波动的影响。由模型（1）知，党代会召开的前一年和当年，要素错配程度的变化对行业全要素生产率波动的影响并不显著，但在党代会召开后的第一年和第二年，政府换届通过放大要素的扭曲引起行业全要素生产率的剧烈波动，影响系数分别是 0.3818 和 0.2033，均在 1% 的水平上显著。为了考察结论的准确性，模型（2）~模型（7）中逐步加入控制变量，以避免企业特征和行业特征对于结论的影响。我们发现除了模型（7）中党代会召开前一年和当年要素错配程度与经济波动之间呈正向关系但仍然不显著以外，其他都表现出稳健性结论，即党代会召开后两年加剧了要素错配程度，从而放大了行业全要素生产率的波动，这一结果证实了假说二。第三，对于控制变量，行业沉没成本

（kl）对全要素生产率波动的影响为正，说明行业的沉没成本越高，企业的进入和退出就会越困难，行业当中不同生产率增长率的企业越多，行业生产率的波动较大。人力资本（hc）对全要素生产率波动的影响为负，说明劳动力素质水平越高，劳动力在同行业内的不同企业之间的选择机会就越多，要素逐利的特征下，向高生产率企业的流动性更强。产品的替代性（is）采用广告投入占总产值的比重来表示，故广告支出越多表明产品的差异化越大，被替代性就越小。模型中的结果均显示产品的替代性愈小，经济波动就越大。可能的解释是低生产率企业由于生产出差异化程度很高的产品，高生产率企业就无法通过扩张规模将低生产率企业的市场份额侵占，企业生产率的离散程度相对较高，行业生产率的波动幅度较大。国有企业占比（soe）越大，行业经济波动幅度就越大，国有企业相对于非国有企业面临政策性负担，包括承担过多的冗员和工人福利等职能而形成的社会性负担和在传统的赶超战略的影响下投资于不具备比较优势的产业区段所形成的战略性负担，因此长期享有政府补贴处于生产率较为低下的状态，同时对高生产率企业形成资源约束，行业中出现企业之间生产率差异化增长，行业总体增加值的波幅较为凸显。外资（fdi）进入对城市全要素生产率波动的影响有两个方面。一方面外资产生竞争效应，加速低生产率企业的淘汰，平抑经济波动；另一方面，外资产生技术溢出效应，增加企业之间生产率增长率的差异，放大经济波动。从回归结果来看，竞争效应大于技术溢出效应。技术水平（tech）对一个行业的经济波动有平滑作用，可能的解释是技术整体水平较高的行业，对资本和劳动力形成有效替代后，高生产率企业的扩张对要素依赖性降低，便会加快低生产率企业的更新换代，整个行业的生产率增长，波动更加平缓。第四，模型（8）和模型（9）运用SYS –

GMM 方法克服全国样本的潜在内生性问题，由估计参数及检验结果可以发现，Hansen 检验工具变量是否存在过度识别的 p 值均大于 0.1，表明无法拒绝所有工具中至少包括一个有效工具变量的原假设。Arellano – Bond 序列相关检验，AR(1) 等于 0，表明统计上拒绝了不存在一列序列相关的原假设，AR(2) 的 p 值大小显示残差项不存在二阶序列相关。系统 GMM 的估计结果与表 6 – 2 中模型（1）和模型（7）的估计结果相比较，各核心解释变量的系数大小与方向并没有发生太大变化且显著性有了明显提高，进而确保了实证结果的准确性。

由第 4 章我们发现垄断行业的要素错配程度大于竞争行业。鉴于此，我们区分垄断行业与竞争行业、低价值链行业与高价值链行业四个子样本进行回归。首先，表 6 – 3 中报告了模型（1）~模型（8）子样本的估计结果。不难发现，在竞争行业与高价值链行业，并没有出现类似全行业样本的规律，要素错配程度与全要素生产率的波动性之间不存在显著的正向相关关系；在垄断行业与低价值链行业，如模型（1）和模型（5），以及加入控制变量之后的模型（2）和模型（6）所示，行业要素错配程度越高，全要素生产率的波动性越强，且均通过了 5% 的显著性水平检验。其次，加入党代会召开年份与要素错配的交互项观察要素错配对行业全要素生产率波动的影响，发现在垄断行业、高价值链行业与低价值链行业，在党代会召开的后两年，要素错配情况恶化对全要素生产率的波动有显著的放大作用，换句话说，要素重置是政府换届引起经济波动的传导机制。可解释为：党代会召开之后，政府报告明确提出新周期的重点行业战略规划，国有企业兼有政策性和社会性责任，将通过获得补贴等优惠措施，增加资本和劳动力要素的投入，造成要素扭曲程度加深。一般政策的出台到落地需要一段时间，故实证结果显示党代会召开后的第一年和第二年，换届冲击通过要素重置引起经济波动的传导机制更为显现。竞争行业是个例外，可能的原因是竞争行业中国有企业产值占比相对较少，竞争行业的要素市场市场化程度较高，受政策性冲击的影响较为有限。不同于城市层面，在党代会召开的前两年，行业要素错配对经济波动的影响并不显著。模型（5）~模型（8）对比了我国低价值链行业与高价值链行业要素错配对行业全要素生产率波动的影响，不难看出政府换届冲击通过要素重置在两类行业中都引起了显著的经济波动。然而，我国长期处于低端价值链的锁定状态，阿赫桑和穆斯腾（Ahsan and Musteen，2011）[282]指出，领导型跨国企业通过人为压低承包方要素价格，维持对全球产业价值链中、低端生产工序的渗透力。因此，对于发展中国家来说，低价值链行业内面临严重的要素错配，能引起要素错配程度发生变化的外部冲击更有可能是国际贸易形势的变化。当发达国家发生经济衰退或者相比其他发展中国家不再具有优势时，低价值链行业①中资源约束型企业更容易受到影响表现出较大的波动性，发达国家更倾向于将订单交给资源丰裕型企业，从而降低全球价值链的风险，这样，其他要素也跟随流入要素丰裕型企业，进一步增加了行业的波动性。从模型（9）~模型（12）的回归结果可以看出，低价值链行业的资源错配对经济波动在10%的显著性水平上有正向作用，高价值链行业的要素错配对经济波动的

---

① 高价值链与低价值链行业的划分依据，参考罗德里克（Rodrik，2006）[283]使用出口复杂度来衡量，出口复杂度在一定程度上反映该产业在国际分工中的地位状况，也就是说，出口复杂度可以反映一国出口具有较高品质产品在全部出口产品中的比重，一国出口该类产品的比例越高，则该国在国际分工中的地位就越高。本文借鉴豪斯曼、J. 黄和罗德里克（Hausmann、Hwang and Rodrik，2006）[284]以及邱斌、叶龙凤和孙少勤（2012）[285]衡量出口贸易技术复杂度的做法计算出各行业的产品复杂度。

影响也为正向，但并不显著。以行业出口量作为外部冲击的代理变量与要素错配程度的交互项，对行业全要素生产率的波动进行回归，结果表明国际贸易冲击是通过低价值链行业的要素重置而不是高价值链行业来造成经济波动的，即一国低价值链行业的比重越高，要素错配对经济波动的作用越大。综合政府换届和国际贸易两种外部冲击，我们均发现低价值链行业的要素重置是造成经济波动的传导机制。最后，对于控制变量，劳动力质量在垄断行业与全要素生产率的波动是显著的正向关系，在竞争行业二者是负向相关，通过1%水平上的显著性检验；在高价值链行业与低价值链行业不显著。可以解释为：我国垄断行业部门的劳动力因受垄断保护而在养老、医疗和住房等福利待遇上均有优等待遇，就业于竞争行业部门的劳动力将面临激烈的市场竞争，且竞争行业劳动力难以向垄断行业流动，因此质量较高的劳动力更愿意就业于垄断行业，但行业的整体生产率较低，不同企业之间生产率增长率的离散度较大。竞争部门要素的流动性大，能有效平抑外部冲击对经济造成的波动。产品差异化越大的行业，低生产率企业被替代的风险越小，行业内生产率差异越大。低价值链行业和高价值链的行业分别在1%和5%的水平上显著。外资的进入对竞争行业、低价值链行业和高价值链行业的全要素生产率的波动均有显著的影响，相关系数分别是0.0904、0.1439和0.0752。影响程度由大到小依次是低价值链行业、竞争行业和高价值链行业。上述检验结果与系统广义矩的估计值见表6-3。

表6-3 要素错配影响分行业全要素生产率波动的估计结果

被解释变量：行业全要素生产率的波动

变量	垄断行业		竞争行业		低价值链行业		高价值链行业		低价值链行业稳健性检验		高价值链行业稳健性检验	
	模型(1)	模型(2)	模型(3)	模型(4)	模型(5)	模型(6)	模型(7)	模型(8)	模型(9)	模型(10)	模型(11)	模型(12)
misalo	0.3051**	0.163**	0.0394	0.1307	0.0609*	0.2557*	0.2707	0.0172	0.1846**	0.2557*	0.2707	0.0172
	(0.017)	(0.050)	(0.725)	(0.281)	(0.066)	(0.064)	(0.102)	(0.952)	(0.049)	(0.081)	(0.513)	(0.620)
partyb1 × misalo	-0.0108	-0.0169	-0.0197	-0.0187	-0.0136	-0.0239	-0.0341	-0.0319				
	(0.825)	(0.630)	(0.576)	(0.677)	(0.741)	(0.656)	(0.408)	(0.412)				
partyp × misalo	-0.0309	-0.0099	-0.0312	-0.3296***	-0.0021	-0.2004	-0.0533	-0.0810				
	(0.530)	(0.951)	(0.374)	(0.013)	(0.960)	(0.180)	(0.202)	(0.438)				
partya1 × misalo	0.4010***	0.4587***	0.0552	0.0401	0.3435***	0.4441***	0.4132***	0.4979***				
	(0.000)	(0.000)	(0.128)	(0.280)	(0.000)	(0.000)	(0.000)	(0.000)				
partya2 × misalo	0.2374***	0.1744***	0.0845	0.0932	0.1794***	0.2001***	0.2335***	0.2224***				
	(0.000)	(0.000)	(0.219)	(0.183)	(0.001)	(0.000)	(0.000)	(0.000)				
trade × misalo									0.1076***	0.0914***	0.0881	0.0605
									(0.002)	(0.001)	(0.514)	(0.942)
kl		0.0046	0.0026		0.0016		0.0034			0.0019		0.0046
		(0.380)	(0.378)		(0.626)		(0.448)			(0.467)		(0.75)

续表

被解释变量：行业全要素生产率的波动

变量	垄断行业		竞争行业		低价值链行业		高价值链行业		低价值链行业稳健性检验		高价值链行业稳健性检验	
	模型(1)	模型(2)	模型(3)	模型(4)	模型(5)	模型(6)	模型(7)	模型(8)	模型(9)	模型(10)	模型(11)	模型(12)
hc		0.0385**		-0.0442***		-0.0152		0.0013		-0.0057		-0.0229*
		(0.061)		(0.008)		(0.301)		(0.963)		(0.914)		(0.083)
is		0.0104		0.0278		0.0567***		0.0409**		0.0409***		0.0407*
		(0.694)		(0.042)		(0.001)		(0.036)		(0.026)		(0.095)
soe		0.0796		1.9804***		0.7094		0.1935		0.0601		0.7204
		(0.656)		(0.001)		(0.285)		(0.134)		(0.49)		(0.53)
fdi		0.0001		0.0904*		0.1439***		0.0752**		0.0701*		0.0023*
		(0.702)		(0.021)		(0.001)		(0.024)		(0.068)		(0.010)
$tech$		-0.0277*		-0.0284**		-0.0375***		-0.0288**		-.0268***		-0.039
		(0.062)		(0.038)		(0.001)		(0.041)		(0.000)		(0.952)
$cons$	0.1538	0.0072	0.4639***	0.1456	0.4132***	-0.1878	0.2287	0.3053	-0.2589***	0.0715***	0.0331***	0.0323**
	(0.260)	(0.979)	(0.000)	(0.285)	(0.005)	(0.388)	(0.035)	(0.185)	(0.001)	(0.017)	(0.014)	(0.039)
year effect	No	Yes	No	Yes	No	Yes	No	Yes	No	Yes	No	Yes
city effect	No	Yes	No	Yes	No	Yes	No	Yes	No	Yes	No	Yes

续表

被解释变量：行业全要素生产率的波动

变量	垄断行业		竞争行业		低价值链行业		高价值链行业		低价值链行业稳健性检验		高价值链行业稳健性检验	
	模型 (1)	模型 (2)	模型 (3)	模型 (4)	模型 (5)	模型 (6)	模型 (7)	模型 (8)	模型 (9)	模型 (10)	模型 (11)	模型 (12)
F-statistic	16.08	23.49	20.29	40.97	11.89	6.03	25.28	50.55	20.02	31.93	48.01	29.71
p 值	0.00	0.00	0.00	0.00	0.00	0.00	0.00	0.00	0.00	0.00	0.00	0.00
Hausman-statistic (p 值)	0.08		0.05		0.04		0.09		0.13		0.04	
obs	134	134	171	57	144	48	161	53	144	48	161	53
R^2	0.4136	0.5859	0.4084	0.6153	0.3258	0.5896	0.4780	0.6269	0.9135	0.6816	0.9125	0.9201
估计方法	FE	Pool ols	FE	Pool ols	FE	Pool ols	FE	Pool ols	FE	Pool ols	FE	Pool ols

注：（1）***、**、* 分别表示在 1%、5% 和 10% 的水平上显著，各回归系数下面的括号中值为 p 值；（2）根据 Hausman Test 的检验结果，拒绝了原假设，故选择固定效应模型；经 Pearson 相关系数检验和方差膨胀因子检验方法，结果显示变量之间不存在显著的共线性。

6.3 本 章 小 结

本章在第 3 章理论分析基础上，从行业视角实证分析了要素错配对全要素生产率波动的作用影响。首先，基于 1998 ~ 2007 年工业企业数据，以我国 39 个二位码工业行业为研究样本，构建出要素错配程度与其他相关指标在行业层面进行加权平均的面板数据，并对其进行了描述性统计分析。其次，基于固定效应模型和混合效应模型，对第 3 章部分提出的关于行业层面的要素错配程度是政府换届冲击影响 TFP 波动的传导机制以及要素错配程度与 TFP 波动幅度之间相关关系的两大假说进行了实证检验，结果发现，在全行业样本中，党代会召开的后一年和后两年，地方政府换届通过行业层面要素错配程度的恶化放大了经济波动，且要素错配程度越严重，行业 TFP 的波动越剧烈。进而，通过将全行业划分为垄断行业与竞争行业、高价值链行业与低价值链四个子样本，发现在竞争行业与高价值链行业并没有出现要素错配程度与全要素生产率的波动性之间存在显著的正向相关关系；在垄断行业与低价值链行业，行业要素错配程度越高，全要素生产率的波动性更强，且均通过了 5% 的显著性水平检验。在垄断行业、高价值链行业与低价值链行业，在党代会召开的后两年，要素重置是政府换届引起经济波动的传导机制；竞争行业的要素市场市场化程度较高，受政策性冲击的影响较为有限。在稳健性检验中，引入国际贸易替代政府换届作为外部冲击，结果表明国际贸易冲击通过低价值链行业的要素重置而不是高价值链行业来造成经济波动。同时，加入了可能影响行业 TFP 波动的其他控制变量包括行业的沉没成本、人力资本、外资、所有制结构、产品差异化程度等，模型的结果保持稳健。最后，为了克服模型中可能存在的内生性问题，本书采用系统GMM 方法进行了再检验，所得结果仍然保持一致。本章的工作证明了第 3 章理论分析是正确合理的。

7

结论与展望

本书系统、全面地研究了要素流动摩擦对全要素生产率波动的影响效应。本章是全书的结语,归纳了研究的主要结论,同时给出了缓解经济波动的相关政策建议,并指出了本书的不足与下一步的研究展望。

7.1 主 要 结 论

改革开放以来,中国经济经历了三十年的"增长奇迹"后进入增速放缓、波动加剧的阶段,为了避免"中等收入陷阱",实现经济的持续增长已成为我国学术界和政策制定者共同关注的重要问题。纵观西方发达国家的经济发展路径,依赖要素投入的粗放型增长必将被得益于技术进步的集约型发展所取代,因此以提高增长质量为出发点实现"稳增长"的战略目标是合理的。自索洛(1957)[4]在新古典的框架下研究"索洛余值"对增长的贡献开始,基于 TFP 的分析就成为宏观研究的热门领域，杨光等（2015）[253]注意到降低 TFP 波动不仅有助于平抑宏观经济波动，而且有利于增加投资者信心、提高长期经济增长。早期的文献将 TFP 的提高大都归因于技术进步，但后续的研究注意到要素配置效率的变化同样也会引起 TFP 的波动。加之我国长期行政干预要素配置，资源错配程度相当严重，相反，目前创新激励机制不够健全、企业技术进步的步伐相对较小，故本书从要素错配的视角研究 TFP 的波动是十分有意义的。首先，构建了要素错配与全要素生产率波动的理论分析框架，力图揭示要素错配对 TFP 波动的影响机制；其次，在赛奎因（1986）[153]全要素生产率的结构分解式中引入影响要素流动摩擦的税收楔子，进一步推导出要素错配程度变动对 TFP 波动的贡献；再其次，结合谢长泰和可莱诺（2009）[11]的研究给出了测度要素错配程度的数理推导，通过计算其数值便可以测度要素的错配程度，并能够进一步分析其变化趋势；最后，基于劳动力的二元市场理论和资本的调整成本理论，分析了我国要素错配存在的事实以及成因，从中识别出能够引起要素错配程度改变的外部冲击为政府换届。进而从地区和行业的双重维度上理论剖析了在要素错配的状态下，外部冲击如何通过引起要素的流动，致使经济运行偏离新古典经济学构造的最优状态，造成全要素生产率在均衡点附近波动的作用机制，并且对要素错配程度越大的地区（行业）全要素生产率的波动愈加剧烈的假说进行经验检验。本书的主要研究结论可以归纳为以下几点：

（1）通过比较垄断行业与竞争行业的资本要素生产率与资本要素投入增长率的波动方向和趋势，我们发现要素流动并非沿着效率最优化、产出最大化的路径，而是在部分年份出现逆边际产出效率流动的现象，这一特征事实初步揭示出我国不同地区和行业普遍存在要素错配的现象。进一步，选取了33个大中型代表性城市和39个二位码行业，基于理论框架中推导出要素错配程度的测度公式，分别统计出样本城市和行业中规模以上企业的数量和1998～2007年间年均要素错配程度，通过对比发现各城市各行业的要素错配状况表现出明显的异质性。一方面，西北地区的要素错配程度明显高于东部沿海地区；另一方面，国有企业占比高的行业的要素错配程度高于国有企业占比相对较低的行业，且资本密集型行业的要素错配程度高于劳动力密集型行业。更进一步，对各城市和行业的国有企业与非国有企业在1998～2007年间资本和劳动力的年均摩擦系数进行计算并描述了变化趋势，不难发现劳动力在国有企业与非国有企业之间的错配程度小于资本要素；东部地区所有制不同企业之间的资本要素错配小于东北和西部地区；煤炭开采与洗选行业、非金属矿物制品业等国家管制行业，资本和劳动力要素在国有企业存在过度配置，在非国有企业存在配置不足；而在纺织业和通用设备制造业等轻工业行业，资本和劳动力在国有企业与非国有企业之间配置较为均衡。

（2）关于全要素生产率的波动，首先，对全国TFP的波动、分地区TFP的波动以及分行业TFP波动的趋势进行分析，发现改革开放率先引起华东地区的TFP波动，波幅超过了全国水平，20世纪90年代中后期，东北地区和西北地区的波动幅度较大，尤其是西北地区在进入21世纪后波动尤为突出。行业层面，垄断行业TFP的波动范围明显大于竞争行业。为了探究引起TFP波动的因素，根据第3章TFP的结构分解式，测算了技术进步、要素错配程度以及产出份额三个子项对TFP波动的贡献，结果表明，代表性城市和行业均呈现出要素重置效应大于技术进步效应的特点。西安、兰州等西部地区的城市企业技术进步对TFP波动的贡献仅为18%和9%；而上海、南京等东部地区的城市该比例达到33%和29%，这与西部地区长期以资源投入为主的粗放式发展模式相吻合。市场化程度较高的纺织业的企业技术水平提升对行业TFP波动的贡献是47%，垄断性质更为明显的煤炭开采与洗选行业技术水平提升对行业TFP波动的贡献为35%。进一步，观察要素重置中不同所有制企业产出份额变化和要素错配程度变化的贡献，可以看出企业产出份额变动的贡献明显不高，其中，长春和沈阳企业份额变动的贡献略大于其他城市，分别是12.96%和14.60%，可能源于"振兴东北老工业基地"政策释放出的结构红利。再继续对要素错配程度变化的贡献展开分析时，我们发现大部分城市和行业的资本要素变动的贡献大于劳动力要素，可能得益于金融市场改革的力度较大。

（3）要素错配程度与TFP波动的相关性，我们在测算出城市和行业的要素错配程度与TFP波动后，就使用最小二乘法初步进行回归，发现地区（行业）错配程度越高，TFP的波动越剧烈，且通过了1%显著性水平上的检验。进一步，对二者的内在影响机制进行了理论剖析和数学建模，就地级市和行业层面的要素错配程度是政府换届冲击影响TFP波动的传导机制以及加入控制变量后要素错配程度与TFP波动幅度之间存在相关关系的两大假说进行了实证检验。结果发现，在地区层面的所有模型中，党代会召开的后一年，地方政府换届通过城市层面要素错配程度的恶化放大了经济波动，且要素错配程度越严重，城市TFP的波动越剧烈。进而，通过将33个大中型城市按照归属区划分为东部、东北、中西部三个子样本，从此来检验所得结论的稳定性，发现中西部地区的政府换届通过要素错配程度的改变对经济波动的影响大于东部和东北地区。同时，加入了可能影响城市TFP波动的其他控制变量包括人力资本、外资、所有制结构、市委书记的工作年限和受教育程度等个人特征等，模型的结果保持稳健。最后，为了克服模型中可能存在的内生性问题，保证结果的真实有效，本书采用系统 GMM 方法进行了再检验，所得结果仍然保持一致。在行业层面的实证结果表明全行业样本中，党代会召开的后一年和后两年，地方政府换届通过行业层面要素错配程度的恶化放大了经济波动，且要素错配程度越严重，行业 TFP 的波动越剧烈。进而，通过将全行业划分为垄断与竞争行业、高价值链与低价值链四个子样本，发现在竞争行业与高价值链行业并没有出现要素错配程度与全要素生产率的波动性之间存在显著的正向相关关系；在垄断行业与低价值链行业，行业要素错配程度越高，全要素生产率的波动性更强，且均通过了 5% 的显著性水平检验。在垄断行业、高价值链行业与低价值链行业，在党代会召开的后两年，要素重置是政府换届引起经济波动的传导机制；竞争行业的要素市场市场化程度较高，受政策性冲击的影响较为有限。在稳健性检验中，引入国际贸易替代政府换届作为外部冲击，结果表明国际贸易冲击通过低价值链行业的要素重置而不是高价值链行业来造成经济波动。同时，加入了可能影响行业 TFP 波动的其他控制变量包括行业的沉没成本、人力资本、外资、所有制结构、产品差异化程度等，模型的结果保持稳健。最后，为了克服模型中可能存在的内生性问题，本书采用系统 GMM 方法进行了再检验，所得结果仍然保持一致。

7.2　政　策　建　议

基于要素错配加剧经济波动的结论，那么降低甚至消除错配程度将有利于平抑经济波动。

（1）在中国当前的政治体制下，政府在经济发展中起着十分重要的作用，政府对经济社会过度的管理与干预，严重影响了要素的使用效率。因而，优化资源配置，一方面是要加快政府职能由"管理型"向"服务型"转变。党的十八大报告明确提出，经济体制改革的核心问题是正确处理好政府和市场的关系，必须更加尊重市场规律，更好发挥政府的作用。应更加清晰地界定政府的责任边界，政府主要是提供包括国防、社会保障及民间资本难以流动的部分基础设施在内的公共产品，通过法治调控经济、治理社会，为各种所有制经济体提供平等使用生产要素、公平参与市场竞争、同等受到法律保护的市场环境。另一方面，改变政府官员晋升的考核机制，从源头上遏制官员干预要素配置的动力。第一，要加强教育培训，帮助官员树立效率思维，改变过去"唯增长论"的经济发展方式，逐步从要求经济增长数量过渡到提高经济质量上来。第二，构建多重政绩考核体系。多年来，GDP单一考核机制使得官员有意无意地通过扭曲资源的配置，进行过度投资，从而损害经济运行的效率。建议政府应当对官员的政绩考核指标进行改革和完善，可以借鉴国际上有用的经验，例如，在设定考核值指标时加入TFP的增长率目标，因为TFP的增长更加依靠效率、技术进步，以TFP为核心的考核有助于要素的优化配置和经济的长期高效发展。

（2）取消劳动力流动管制，促进劳动力自由转移。以1958年全国人大通过的《中华人民共和国户口登记条例》为标志，中国的户籍制度已存续了近60年，成为劳动力要素市场错配的制度性根源，中国的户籍城市化率远远滞后于常住人口的城市化率。2014年国务院颁布了《关于进一步推进户籍制度改革的意见》，截至2016年4

月底，除北京、西藏以外，我国共有 29 个省（区、市）基于不同的城市规模出台了《关于进一步推进户籍制度改革的实施（若干）意见》，正式开始了新一轮户籍制度改革。尽管人口的城乡禁锢已经转变为自由迁移，但仍然远远没有突破"户籍利益固化的藩篱"，并未全面调整户籍背后所黏附的经济利益。公共教育、社会保障、保证性住房、基本医疗、福利救助、公共就业、政治参与、优质教育机会、高考权益等本地户籍偏好、非本地户籍排斥的不平等政策应该予以逐步取缔。由于户籍制度的深化改革涉及部分群体的切实利益，为了保证改革成效，应该明确改革规划路线图、制定推进时间表，推动（特）大城市成为户籍改革的重点对象、矫正将户籍作为"自利性"竞争工具的做法。如果说户籍制度的松绑有利于降低地域间劳动力要素的错配，那么，由于国家各种非均衡供给制度下产生的"竞争—垄断"二元市场分割以及电力、邮储、金融等行业出现大型国有企业垄断局面也亟待解决打破。除了通过出台有关的反垄断法律法规外，还应该重点深化国有企业改革，逐步减轻国有企业的政策性负担和社会性负担，鼓励发挥企业家精神，企业家是经济的直接参与者，对经济形势更加敏感，套利动机指引他们将资金投向更有潜力的产业。即使是投资失败，自负盈亏，对整体经济的冲击也比较小。政府应当进一步简政放权，减少对项目的行政审批权，让企业家不再面临各种"玻璃门""旋转门"的困扰，为经营解除后顾之忧。另外，认真贯彻、落实市场退出机制，放宽市场准入条件，让优胜劣汰的原则平稳而又到位地得以实施，有效消除垄断存在的制度基础。

（3）大力推进金融深化，消除金融抑制。中国长期存在的金融压抑现象严重制约了金融市场化水平。第一，增强金融机构的独立性。如果任由地方政府通过金融机构融资，地方商业银行变为"提款机"，将会对整个金融体系带来极大的风险。因此，要斩断各类金融机构和政府之间的联系，引进民间资本，降低国有股份，提高国有商业银行的市场属性，让其成为真正独立的具有自主经营决策权的法人机构。第二，要继续深化银行业的改革。鼓励银行业机构更加重视对中小企业、小微企业的信贷支持；鼓励银行业积极探索贸易融资和贸易结算等业务，为中国的供应链现代化发展提供有效的支持。第三，逐步改变以银行为主导的传统金融结构，构建多层次资本市场体系，应当根据风险防控同步建设原则适度放松金融管制，鼓励包括P2P、产业链金融在内的各种金融创新的理性发展，为小微企业提供多元融资平台。第四，积极推进资本市场的发展和规范。包括首次公开发行的注册制，新三板和场外交易市场，利率和汇率市场化，债券市场，开放资本账户以及人民币国际化等。对于过度投机、过度负债、资本分配缺乏效率和创新乃至内幕交易、暗持股票等扰乱资本市场运作的行为，要加强监督、加大打击力度。

（4）构建一个科学的、信息化的有关劳动力和资本要素错配监测平台。由各级人力资源与社会保障部门和各级金融办牵头，首先建立各种所有制企业信贷信息和劳动力信息数据平台，并通过互联网实现数据共享和信息化管理。这样实时、全面反映资本和劳动力的配置状况和要素成本，既能为管理层的决策提供参考，又能为资本和劳动力的流动指引方向。其次，加强各部门的交流与合作，争取做到监测不重复不遗漏，为信息平台的使用者提供咨询和培训。最后，设立要素错配程度的监测预警，对于要素错配系数超过临界值的地区（行业），要及时有针对性地作出反应，避免错配程度的继续加深。

7.3 本书的创新点

本书的主要创新点可以归纳为以下四个方面。

（1）构建了一个要素错配与全要素生产率波动的新理论分析框架。该理论框架不但从制度上分析了我国要素市场错配的形成逻辑及全要素生产率波动的特点，而且通过将要素扭曲楔子引入多部门一般均衡模型来分析要素错配对全要素生产率波动的作用机理。首先，定义了要素错配系数，用以测度资本和劳动力要素的错配程度；其次，对全要素生产率的波动进行结构分解，探究包括要素错配在内的不同因素的作用；最后，从理论上剖析了我国要素错配的成因，并识别出政府换届为外部冲击，进而探究在要素错配的状态下，外部冲击如何通过引起要素的流动致使全要素生产率在均衡点附近波动的传导机制。文献中多为要素错配造成全要素生产率损失的静态作用，缺乏要素错配影响全要素生产率波动的动态研究。本书的研究不但从数理模型中演绎了整个传导机制，而且在理论方面有效地为解释经济波动的宏观问题提供了较强的微观理论基础。

（2）测度了 33 个大中型代表性城市和 39 个二位码工业行业的要素错配程度，进一步，对城市和行业内国有企业与非国有企业的资本和劳动力要素的错配系数进行计算并描述其变化趋势，在此基础上分别对城市和行业全要素生产率的波动进行了结构分解，结果显示相比企业技术进步和产出份额的变动，要素错配程度的变化对地区（行业）总体 TFP 波动起主导作用；相比劳动力要素，资本要素错配系数变化率的贡献更大。上述结论很好地弥补了国内现有文献中多为省级层面而缺乏城市层面要素错配的测度。另外，既有文献仅证实了所有制异质企业之间的要素错配造成全要素生产率损失，但鲜有研究对转型期我国国有企业与非国有企业资本和劳动力的要素错配系数及变化趋势进行分析，故本书的工作对具体判断地区（行业）要素配置不足还是配置过度具有重要的理论与现实意义。

（3）基于中国的社会体制现实，沿着制度经济学理论体系，就城市层面要素错配与全要素生产率波动之间的内在影响机理和传导机制进行理论剖析和实证考察。首先，利用 1998～2007 年中国工业企业数据，在城市层面上统计规模以上企业数量，并以产值为权重，对各变量采用加权回归进行分析；其次，结合现行政治制度，引入政府换届作为可能引起要素流动的外部冲击，进而观察要素错配的改变对全要素生产率波动的影响。最后，为了消除内生性问题，采用 SYS - GMM 方法进行再检验，从而确保结论的稳健性。此项工作不仅是国内率先使用动态面板模型估计城市层面要素错配对全要素生产率波动的作用程度，更是为研究外部冲击引起地区经济波动提供了新的传导路径，进而为制定差异化的平抑波动的政策提供科学的理论依据。

（4）从行业视角实证分析了要素错配对全要素生产率波动的作用机制。对理论分析部分提出的关于行业层面要素错配程度改变是外部冲击影响 TFP 波动的传导机制以及要素错配程度加剧放大了 TFP 波动幅度两大假说进行了实证检验，结果发现，地方政府换届冲击和国际贸易冲击皆通过低价值链行业的要素重置引起全要素生产率波动。既有文献中多有提及低价值链行业易受外部冲击的影响导致经济波动，但从外部冲击引起低价值链行业的要素重置进而引起经济波动的传导机制鲜有涉及，本书的工作对已有文献是一个极为有益的补充。此外，本书结合我国国情，从初始制度安排到制度变迁系统分析了要素市场错配的形成路径，有效填补了文献中对要素错配成因判断不够严谨的缺陷，为有针对性地制定弱化和消除要素错配的政策措施提供了理论支持。

7.4　不足之处与研究展望

虽然本书在已有文献的研究基础上，就要素错配对 TFP 波动的影响机制从理论与实证方面，行业与地区的二个维度进行了比较全面的分析，这对于理解当前宏观经济波动的原因及对策具有一定的积极意义。然而，客观来讲，本书仅是一个阶段性的研究成果，其中还存在一些不足，需要在以后的研究中进一步完善与补充。

第一，本书关于生产要素的选择，同大多数既有研究保持一致，限定为资本及劳动力两种，且劳动力要素的考察，仅限于数量层面，缺乏对人力资本的分析。然而人力资本在新兴现代产业发展中的作用愈加明显，因而缺乏人力资本错配的考量，使得本研究显得不够完整。下一步，就将把人力资本以及能源等生产要素纳入分析框架，进一步扩展我们的研究。

第二，由于受现有统计数据的限制，本书事实描述对行业指标的测算以及实证部分的变量数据均采用的是 1998～2007 年中国工业企业数据库，由于目前可获得工业企业数据库的时间跨度为 1998～2009 年，2008 年和 2009 年的数据质量较差，因此面板数据的时间较短，只能描述 10 年的变化趋势及要素错配与全要素生产率波动的关系，后续研究如果有条件应该将研究范围拓展到近期，结果可能相似或有差别，这也是今后继续研究的过程。

第三，本书在模型中将企业自由进入和退出市场状况认为是外生的。根据（Hopenhayn，1993）[32]的研究结果，企业能否自由进入和退出机制是要素流动摩擦影响全要素生产率的重要的内生因素，如果在模型中加入此因素，将会放大初始冲击对于全要素生产率波动的影响。把企业的退出与进入纳入统一的框架进行分析，这将是我们下一步研究的重点。

参 考 文 献

[1] 龚刚. 回归哈罗德: 发展中国家的增长与波动 [J]. 世界经济, 2009 (4): 27 - 37.

[2] 陈昆亭, 周炎, 龚六堂. 短期经济波动如何影响长期增长趋势? [J]. 经济研究, 2012 (1): 42 - 53.

[3] Clarida, R. H.. Aggregate Stochastic Implications of the Life Cycle Hypothesis [J]. *Quarterly Journal of Economics*, 1991, 106 (3): 851 - 867.

[4] Solow, R. M.. Technical Change and the Aggregate Production Function [J]. *Review of Economics & Statistics*, 1957, 39 (3): 554 - 562.

[5] 王宏淼. 西方国家经济增长方式的历史演变及对当今的启示 [J]. 现代经济探讨, 2006 (6): 30 - 36.

[6] 李宾, 曾志雄. 中国全要素生产率变动的再测算: 1978 ~ 2007 年 [J]. 数量经济技术经济研究, 2009 (3): 3 - 15.

[7] 刘明康, 陈永伟. 中国全要素生产率的现状、问题和对策 [J]. 比较, 2016 (84): 20 - 52.

[8] Arias, A., Hansen, G. D., Ohanian L. E.. Why have business cycle fluctuations become less volatile? [J]. *Social Science Electronic*

Publishing, 2006, 32 (1): 43 – 58.

[9] 林毅夫. 新结构经济学: 反思经济发展与政策的理论框架 [M]. 北京: 北京大学出版社, 2012.

[10] Syrquin, M., Chenery, H. B.. *Patterns of Development, 1950 to 1983* [M]. World Bank, 1989.

[11] Hsieh, C. T., Klenow P. J.. Misallocation and Manufacturing TFP in China and India [J]. *Quarterly Journal of Economics*, 2009, 124 (4): 1403 – 1448.

[12] Brandt, L., Tombe T., Zhu X.. Factor Market Distortions Across Time, Space, and Sectors in China [J]. *Review of Economics Dynamics*, 2012, 16 (1): 39 – 58.

[13] Stolper, W. F., Samuelson, P. A.. Protection and Real Wages [J]. *Review of Economic Studies*, 1941, 9 (1): 58 – 73.

[14] Atkinson, A. B., Stiglitz, J. E.. The design of tax structure: Direct versus indirect taxation ☆ [J]. *Journal of Public Economics*, 1976, 6 (1 – 2): 55 – 75.

[15] Bhagwati, J.. International Trade and Development Gerald M. Me-ier [J]. *Journal of Political Economy*, 1964, 72 (6).

[16] Banerjee, A. V., Moll, B.. Why Does Misallocation Persist? [J]. *American Economic Journal Macroeconomics*, 2010, 2 (1): 189 – 206.

[17] Fabricant, S.. Book Reviews: Basic Facts on Productivity Change [J]. *Science*, 1959 (129): 890 – 891.

[18] Kendrick, J. W.. Productivity, Factor Prices, and Real Incomes [J]. *Productivity Trends in the United States*, 1961 (6): 692 – 695.

［19］郑玉歆．全要素生产率的测度及经济增长方式的"阶段性"规律——由东亚经济增长方式的争论谈起［J］．经济研究，1999（5）：57－62.

［20］Syrquin，B. M.. Productivity Growth and Factor Reallocation//. Industrialization and Growth：A Comparative Study［J］．London：Oxford University Press，1986.

［21］郭丛斌，丁小浩．职业代际效应的劳动力市场分割与教育的作用［J］．经济科学，2004（3）：74－82.

［22］许经勇．转型中我国农业劳动力的两种转移模式——从西方经济学的两种要素配置模型引起的思考［J］．经济经纬，2007（4）：99－101.

［23］林毅夫，刘明兴．经济发展战略与中国的工业化［J］．经济研究，2004（7）：48－58.

［24］王必锋．要素市场扭曲对中国经济外部失衡的影响研究［D］．辽宁大学，2013.

［25］朱喜，史清华，盖庆恩．要素配置扭曲与农业全要素生产率［J］．经济研究，2011（5）49－71.

［26］陈东琪．进一步转变政府经济职能的若干设想［J］．中国青年政治学院学报，2002（1）：76－81.

［27］郑毓盛，李崇高．中国地方分割的效率损失［J］．中国社会科学，2003（1）：64－72.

［28］周黎安．晋升博弈中政府官员的激励与合作——兼论我国地方保护主义和重复建设问题长期存在的原因［J］．经济研究，2004（6）：33－40.

［29］周黎安．中国地方官员的晋升锦标赛模式研究［J］．经济

研究, 2007 (7): 36 – 50.

［30］Foster, L. , Haltiwanger, J. , Krizan, C. J. . Reallocation, Firm Turnover, and Efficiency: Selection on Productivity or Profitability? ［J］. *Ame-rican Economic Review*, 1998 (1): 394 –425.

［31］Jones, C. I. . Misallocation, Economic Growth, and Input – Output Economics ［J］. *American Economic Journal: Macroeconomics*, 2011 (3): 1 –28.

［32］Hopenhayn, H. , Rogerson R. . Job Turnover and Policy Evaluation: A General Equilibrium Analysis. ［J］. *General Information*, 1993, 101 (5): 915 –938.

［33］Guner, N. , Ventura, G. , Xu, Y. . Macroeconomic implications of size-dependent policies ［J］. *Review of Economic Dynamics*, 2007, 11 (4): 721 –744.

［34］Banerjee, A. V. , Duflo, E. , Munshi, K. . The (Mis) Allocation of Capital ［J］. *Journal of the European Economic Association*, 2003, 1 (2 –3): 484 –494.

［35］Restuccia, D. , Rogerson, R. . Policy distortions and aggregate productivity with heterogeneous establishments ［J］. *Review of Economic Dynamics*, 2008, 11 (4): 707 –720.

［36］宋全启. 论资源再配置 ［J］. 经济问题, 1991 (7): 11 – 14.

［37］Lau, L. J. , Pan, A. Y. . A Test for Relative Efficiency and Application to Indian Agriculture ［J］. *American Economic Review*, 1971, 61 (1): 94 –109.

［38］Atkinson, S. E. , Halvorsen, R. . Test of relative and absolute price efficiency in regulated utilities［J］. *Review of Economics & Statistics*, 1980, 62: 1 (62): 81 - 88.

［39］盛仕斌, 徐海. 要素价格扭曲的就业效应研究［J］. 经济研究, 1999 (5): 68 - 74.

［40］赵自芳, 史晋川. 中国要素市场扭曲的产业效率损失——基于 DEA 方法的实证分析［J］. 中国工业经济, 2006 (10): 40 - 48.

［41］朱翔. 基于要素禀赋视角的浙江省传统产业结构升级［J］. 对外经贸, 2010 (9): 29 - 31.

［42］王希. 我国要素市场扭曲与经济失衡之间的互动关系研究［J］. 华东经济管理, 2012 (10): 64 - 68.

［43］陈晓华, 刘慧. 要素价格扭曲、外需疲软与中国制造业技术复杂度动态演进［J］. 财经研究, 2014, 40 (7): 119 - 131.

［44］Olley, S.. The Dynamics of Productivity in the Telecommunication Equipment Industry［J］. *Econometrica*, 1996 (64): 1263 - 1297.

［45］Bartelsman, E., Scarpetta, S.. Cross - Country Differences in Productivity: The Role of Allocation and Selection［J］. *American Economic Review*, 2009, 103 (1): 304 - 334.

［46］聂辉华, 贾瑞雪. 中国制造业企业生产率与资源误置［J］. 世界经济, 2011 (7): 27 - 42.

［47］Bai, C. E., Hsieh, C. T., Qian, Y.. The Return to Capital in China［J］. *Brookings Papers on Economic Activity*, 2006, 74 (2): 61 - 102.

［48］Zhang, X., Tan, K. Y.. Incremental Reform and Distortions in China's Product and Factor Markets［J］. *World Bank Economic Review*, 2007, 21 (2): 279 - 299 (21).

［49］Boyreau – Debray, G. , Wei, Shang – Jin. Pitfalls of a State – Dominated Financial System：The Case of China ［J］. *Cepr Discussion Papers*, 2004.

［50］Aoki, S.. A simple accounting framework for the effect of resource misallocation on aggregate productivity ［J］. *Journal of the Japanese & International Economies*, 2008, 26（4）：473 – 494.

［51］Chari, V. V. , Mcgrattan, E. R.. Accounting for the Great Depression ［J］. *American Economic Review*, 2003, 92（Spr）：2 – 8.

［52］Chari, V. V. , Kehoe, P. J. , Ellen, R.. McGrattan. Business Cycle Accounting ［J］. *Econometrica*, 2012, 75（3）：781 – 836.

［53］董直庆, 刘迪钥, 宋伟. 劳动力错配诱发全要素生产率损失了吗？——来自中国产业层面的经验证据 ［J］. 上海财经大学学报, 2014, 16（5）：94 – 103.

［54］王林辉, 袁礼. 资本错配会诱发全要素生产率损失吗 ［J］. 统计研究, 2014, 31（8）：11 – 18.

［55］姚毓春, 袁礼, 董直庆. 劳动力与资本错配效应：来自十九个行业的经验证据 ［J］. 经济学动态, 2014（6）：69 – 77.

［56］韩国珍, 李国璋. 要素错配与中国工业增长 ［J］. 经济问题, 2015（1）：69 – 76.

［57］周喆, 刘斌, 刘志成. 地区劳动力流动、资产专用性与劳动者报酬——基于中国分省分行业的经验研究 ［J］. 南开经济研究, 2012（5）：79 – 93.

［58］樊纲, 王小鲁, 朱恒鹏. 中国市场化指数：各地区市场化相对进程 2009 年报告 ［M］. 经济科学出版社, 2010.

［59］张杰, 周晓艳, 郑文平等. 要素市场扭曲是否激发了中国

企业出口 [J]. 世界经济，2011（8）：134－160.

［60］Harris, J. R. , Todaro, M. P. . Migration unemployment and development：a two-sector analysis. [J]. *American Economic Review*，1970，60（1）：126－142.

［61］王宋涛，温思美. 资源误配置对中国劳动收入份额的影响 [J]. 华南农业大学学报（社会科学版），2015（3）：114－122.

［62］鲁传一，李子奈. 基于企业家产品水平创新的内生增长模型 [J]. 系统工程理论与实践，2003，23（2）：1－6.

［63］Boldrin M. , Levine D. K. . Rent-seeking and innovation [C]. Federal Reserve Bank of Minneapolis，2004：127－160.

［64］张杰，李克，刘志彪. 市场化转型与企业生产效率——中国的经验研究 [C] 经济学，2011：571－602.

［65］李平，季永宝. 要素价格扭曲是否抑制了我国自主创新？[J]. 世界经济研究，2014（1）：10－15.

［66］戴魁早，刘友金. 要素市场扭曲、区域差异与 R&D 投入——来自中国高技术产业与门槛模型的经验证据 [J]. 数量经济技术经济研究，2015（9）：3－20.

［67］Bruce, S. . Tether. Who co-operates for innovation, and why：An empirical analysis [J]. *Research Policy*，2002，31（6）：947－967.

［68］Feldman, M. P. , Kelley, M. R. . The ex ante, assessment of knowledge spillovers：Government R&D policy, economic incentives and private firm behavior [J]. *Research Policy*，2006，35（10）：1509－1521.

［69］Child, J. , Tse, D. K. . China's Transition and its Implications for International Business [J]. *Journal of International Business Studies*，2001，32（1）：5－21.

［70］ 林毅夫. 90 年代中国农村改革的主要问题与展望［J］. 管理世界, 1994 (3): 139 - 144.

［71］ Goldstein, M. , Lardy, N. R. . Debating China's exchange rate policy［J］. *Morris Goldstein*, 2008 (1): 262 - 277.

［72］ Dean, J. M. , Fung, K. C. , Wang, Z. . Measuring the Vertical Specialization in Chinese Trade［J］. U. S. International Trade Commission Office of Economics Working Paper: 2007 - 01 - A, 2007.

［73］ 史晋川, 赵自芳. 所有制约束与要素价格扭曲——基于中国工业行业数据的实证分析［J］. 统计研究, 2007 (6): 42 -47.

［74］ 雷鹏. 生产要素市场扭曲对中国就业影响的实证分析［J］. 社会科学, 2009 (7): 61 -65.

［75］ 盛誉. 贸易自由化与中国要素市场扭曲的测定［J］. 世界经济, 2005 (6): 29 -36.

［76］ 冼国明, 石庆芳. 要素市场扭曲与中国的投资行为——基于省际面板数据分析［J］. 财经科学, 2013 (10): 31 -42.

［77］ 廖显春, 耿伟. 要素价格市场扭曲推动了中国企业的出口增长吗［J］. 山西财经大学学报, 2015 (3): 1 -10.

［78］ 康志勇. 要素市场扭曲对中国本土企业出口行为的影响——出口选择抑或出口数量［J］. 世界经济研究, 2014 (6): 23 -29.

［79］ 黄益平, 陶坤玉. 中国外部失衡的原因与对策: 要素市场扭曲的角色［J］. 新金融, 2011 (6): 7 -13.

［80］ Kuznets, S. . Capital in Agriculture: Its Formation and Financing Since 1870［J］. *Canadian Journal of Economics & Political Science*, 1957, 25 (1): 337 -343.

［81］ Hopenhayn, H. A. . Firms, Misallocation, and Aggregate Productivity：A Review ［J］. *Annual Review of Economics*，2014，6（1）：735 – 770.

［82］吕铁. 制造业结构变化对生产率增长的影响研究 ［J］. 管理世界，2002（2）：87 – 94.

［83］李小平，卢现祥. 中国制造业的结构变动和生产率增长 ［J］. 世界经济，2007（5）：52 – 64.

［84］干春晖，郑若谷，余典范. 中国产业结构变迁对经济增长和波动的影响 ［J］. 经济研究，2011（5）：4 – 16.

［85］袁富华. 长期增长过程的"结构性加速"与"结构性减速"：一种解释 ［J］. 经济研究，2012（3）：127 – 140.

［86］Melitz M. J.. The Impact of Trade on Intra-Industry Reallocations and Aggregate Industry Productivity ［J］. Cepr Discussion Papers，2004，71（6）：1695 – 1725.

［87］曾先峰，李国平. 资源再配置与中国工业增长：1985 ~ 2007 年 ［J］. 数量经济技术经济研究，2011（9）：3 – 18.

［88］Aoki，S.. Was the Barrier to Labor Mobility an Important Factor for the Prewar Japanese Stagnation？ ［C］ University Library of Munich，Germany，2008.

［89］David，J.，Hopenhayn H. A.，Venkateswaran V.. Information，Misallocation and Aggregate Productivity ［C］ National Bureau of Economic Research，Inc，2014.

［90］Bartelsman，B. E.，Haltiwanger J.，Scarpetta S.. Cross country differences in productivity：the role of allocation and selection ［J］. *American Economic Review*，2013，103（1）：305 – 334.

［91］罗德明，李晔，史晋川. 要素市场扭曲、资源错置与生产

率 [J]. 经济研究, 2012 (3): 4 – 14.

[92] 李京文, 方汉中. 高技术经济竞争与传统产业改造 [J]. 数量经济技术经济研究, 1991 (11): 3 – 13.

[93] 钟学义, 陈平. 技术, 技术进步, 技术经济学和数量经济学之诠释 [J]. 数量经济技术经济研究, 2006 (3): 156 – 161.

[94] Chow, G. C., Li, K.. China's Economic Growth: 1952 – 2010. [J]. *Economic Development & Cultural Change*, 2002, 51 (1): 247 – 256.

[95] 张军, 施少华. 中国经济全要素生产率变动: 1952 ~ 1998 [J]. 世界经济文汇, 2003 (2): 17 – 24.

[96] 张自然, 陆明涛. 全要素生产率对中国地区经济增长与波动的影响 [J]. 金融评论, 2013 (1): 7 – 31.

[97] Levinsohn J., Petrin A.. Estimating Production Function Using Inputs to Control for Observables [J]. *Review of Economic Studies*, 2000, 70 (2): 317 – 341.

[98] Farrell, M. J.. The Measurement of Technical Efficiency [J]. *Journal of the Royal Statistical Society*, Series A, General, 1957

[99] Malmquist S.. Index numbers and indifference surfaces [J]. *Trabajos De Estadistica*, 1953, 4 (2): 209 – 242.

[100] Shephard, R. W., Todd, D. K.. Optimal Determination of Stratified Groundwater Basin Characteristics [J]. UC Berkeley: University of California Water Resources Center, 1970.

[101] Charnes, A., Cooper, W., Rhodes. Measuring the efficiency of decision making units [J]. *European Journal of Operational Research*, 1978 (2): 429 – 444.

[102] Aigner, D., Lovell, C. A. K., Schmidt, P.. Formulation

and estimation of stochastic frontier production function models [J]. *Journal of Econometrics*, 1977, 6 (1): 21 –37.

[103] Meeusen, W. , Broeck, J. V. D. . Efficiency Estimation from Cobb – Douglas Production Functions with Composed Error. [J]. *International Economic Review*, 1977, 18 (18): 435 –444.

[104] Caves, D. W. , Christensen, L. R. , Diewert W. E. . Multilateral Comparisons of Output, Input, and Productivity Using Superlative Index Numbers. [J]. *Economic Journal*, 1982, 92 (365): 73 –86.

[105] Rafferty, M. C. . Growth-business cycle interaction: A look at the OECD [J]. *International Advances in Economic Research*, 2004, 10 (3): 191 –201.

[106] Abate, G. D. . On the Link between Volatility and Growth: A Spatial Econometrics Approach [J] . *Spatial Economic Analysis*, 2015: 1 –19.

[107] 高伟生, 叶民强. 经济增长与经济波动的关系——基于亚洲"四小虎"面板数据的实证研究 [J]. 国际经贸探索, 2008 (12): 24 –29.

[108] 刘雅君, 田依民. 中国经济波动率对潜在经济增长率影响的实证分析 [J]. 经济学家, 2016 (8): 46 –54.

[109] 邵军, 徐康宁. 转型时期经济波动对我国生产率增长的影响研究 [J]. 经济研究, 2011 (2): 97 –110.

[110] 卜永祥, 靳炎. 中国实际经济周期: 一个基本解释和理论扩展 [J]. 世界经济, 2002 (7): 3 –11.

[111] 简泽. 技术冲击、资本积累与经济波动——对实际经济周期理论的一个检验 [J]. 统计研究, 2005 (11): 73 –78.

[112] 李春吉. 投资冲击、全要素生产率冲击与中国经济波动——基于 RBC 模型估计结果的分析 [J]. 经济问题, 2010 (9): 4 - 9.

[113] 蔡跃洲, 张钧南. 信息通信技术对中国经济增长的替代效应与渗透效应 [J]. 经济研究, 2015 (12): 100 - 114.

[114] Gregory, C. , Chow, L. . China's Economic Growth: 1952 - 2010. [J]. *Economic Development & Cultural Change*, 2002, 51 (1): 247 - 56.

[115] 张军, 施少华. 中国经济全要素生产率变动: 1952 ~ 1998 [J]. 世界经济文汇, 2003 (2): 17 - 24.

[116] Bosworth, B. , Collins, S. M. , Virmani A. . Sources of Growth in the Indian Economy [C]. India Policy Forum. National Council of Applied Economic Research, 2007.

[117] Brandt, L. , Zhu, X. . Accounting for China's Growth [J]. *Iza Discussion Papers*, 2010.

[118] 郑京海, 胡鞍钢. 中国改革时期省际生产率增长变化的实证分析 (1979 ~ 2001 年) [J]. 经济学 (季刊), 2005 (1): 263 - 296.

[119] Fare, R. , Chambers, R. , Grosskopf, S. . Efficiency, Quantity indexes, and productivity indexes: a synthesis [J]. *Bulletin of Economic Research*, 1994, 46 (1): 1 - 21.

[120] 姚战琪. 中国生产率增长与要素结构变动的关系研究 [J]. 社会科学辑刊, 2011 (4): 99 - 103.

[121] Isaksson, A. Hulten, C. R. . Why Development Levels Differ: The Sources of Differential Economic Growth in a Panel of High and Low Income Countries C. R. Hulten, A. Isaksson. [J]. *General Information*, 2007.

[122] Syverson, C.. What Determines Productivity? [J]. *Journal of Economic Literature*, 2011, 49 (15712): 326 – 365 (40).

[123] Bartelsman, E. J., Doms, M.. Understanding Productivity: Lessons from Longitudinal Microdata [J]. *Journal of Economic Literature*, 2000, 38 (3): 569 – 594.

[124] Yeaple, S. R., Keller, W.. Multinational Enterprises, International Trade, and Productivity Growth: Firm – Level Evidence From the United States [C]. International Monetary Fund, 2003.

[125] Bloom, N., Reenen, J. V.. Measuring and Explaining Management Practices Across Firms and Countries [J]. *Quarterly Journal of Economics*, 2007, 122 (1): 1351 – 1408.

[126] Bartel, A., Ichniowski, C., Shaw, K.. How Does Information Technology Affect Productivity? Plant – Level Comparisons of Product Innovation, Process Improvement, and Worker Skills [C]. NBER Working Papers, 2005, 122 (4): 1721 – 1758.

[127] Krüger, J. J., Cantner, U.. Micro-heterogeneity and aggregate productivity development in the German manufacturing sector [J]. *Journal of Evolutionary Economics*, 2008, 18 (2): 119 – 133.

[128] McMillan, M. S., Rodrik, D.. Globalization, structural change and productivity growth [C]. Working Paper 17143. National Bureau of Economic Research 1050 Massachusetts Avenue Cambridge, MA 02138 June 2011.

[129] 韩剑, 郑秋玲. 政府干预如何导致地区资源错配——基于行业内和行业间错配的分解 [J]. 中国工业经济, 2014 (11): 69 – 81.

[130] 袁志刚, 邵挺. 重构国际货币体系的内在力量来自何处? [J]. 世界经济研究, 2010 (5): 14 - 20.

[131] 盖庆恩, 朱喜, 史清华. 劳动力市场扭曲、结构转变和中国劳动生产率 [J]. 经济研究, 2013 (5): 87 - 97.

[132] Kuznets S.. Modern Economic Growth: Rate, Structure, and Spread [C]. Yale University Press, 1966.

[133] Lewis, L. E.. Earnings in the Structural Clay Products Industries, May 1954 [J]. *Monthly Labor Review*, 1955, 78 (1): 75 - 79.

[134] Hirschman, A. O. , Sirkin G.. Investment criteria and capital intensity once again [J]. *Quarterly Journal of Economics*, 1958, 72 (3): 469 - 471.

[135] Temple, R. D.. The week the fed saved the world: an inside glimpse at the Greenspan McDonough Ferguson team's backroom maneuvering, Federal Reserve [J]. *International Economy*, 2001 (12).

[136] Temple, R. D. , Attfield C.. Measuring Trend Output: How Useful are the Great Ratios? [J]. *Social Science Electronic Publishing*, 2004.

[137] Vollrath, D.. How important are dual economy effects for aggregate productivity? [J]. *Journal of Development Economics*, 2009, 88 (2): 325 - 334.

[138] Dollar, D. , Wei, S. J.. Das (Wasted) Kapital: Firm Ownership and Investment Efficiency in China [C]. Imf Working Papers, 2007, 7 (13103).

[139] Acemoglu, D. , Helpman, E.. Contracts and Technology Adoption [J]. *American Economic Review*, 2007, 97 (97): 916 - 943.

[140] Alfaro, L. , Volosovych V.. Why Doesn't Capital Flow from

Rich to Poor Countries? An Empirical Investigation [J]. *Review of Economics & Statistics*, 2008, 90 (2): 347 - 368.

[141] Melitz, M. J., Helpman, E., Yeaple, S. R.. Export versus FDI [C]. Harvard - Institute of Economic Research, 2003.

[142] Brandt, L., Van Biesebroeck J., Zhang Y.. Creative Accounting or Creative Destruction? Firm - level Productivity Growth in Chinese Manufacturing [C]. National Bureau of Economic Research, Inc, 2009: 339 - 351.

[143] 朱喜, 史清华, 盖庆恩. 要素配置扭曲与农业全要素生产率 [J]. 经济研究, 2011 (5): 86 - 98.

[144] 陈永伟, 胡伟民. 价格扭曲、要素错配和效率损失: 理论和应用 [J]. 经济学: 季刊, 2011 (4): 1401 - 1422.

[145] Midrigan, V., Xu, D. Y.. Finance and Misallocation: Evidence from Plant - Level Data [J]. *American Economic Review*, 2010, 104 (15647): 422 - 458.

[146] Moll, B., Itskhoki, O.. Optimal Development Policies with Financial Frictions [J]. *Nber Working Papers*, 2014: 228 - 243.

[147] 张庆君. 要素市场扭曲、跨企业资源错配与中国工业企业生产率 [J]. 产业经济研究, 2015 (4): 41 - 50.

[148] Temple, J. R. W., Scaramozzino, P., Vulkan N.. Implementation Cycles in the New Economy [J]. *Jonathan Temple*, 2005.

[149] Shimer, R., Shimer, R.. A Competitive Theory of Unemployment, Vacancies, and Labor Market Flows [J]. *Clevelandfed Org*, 2005.

[150] Hayashi, F., Prescott, E. C.. Data Appendix to The 1990s

in Japan: A Lost Decade [J]. *Technical Appendices*, 2002, 5 (1): 206 – 235.

[151] Lagos, R.. A Model of TFP [J]. *Review of Economic Studies*, 2006, 73 (4): 983 – 1007.

[152] Temple, J., Satchi, M.. Labor markets and productivity in developing countries ☆ [J]. *Review of Economic Dynamics*, 2009, 12 (1): 183 – 204.

[153] Chari, V. V., Kehoe, P. J., Mcgrattan, E. R.. Can Sticky Price Models Generate Volatile and Persistent Real Exchange Rate. [J]. *Review of Economic Studies*, 2002, 69 (3): 533 – 563.

[154] Rogerson, R.. Structural Transformation and the Deterioration of European Labor Market Outcomes [J]. *Journal of Political Economy*, 2007, 116 (116): 235 – 259.

[155] Whalley, J., Zhang, S.. A numerical simulation analysis of (HUKOU) labor mobility restriction in China [J]. *Journal of Development Economics*, 2007, 83 (2): 392 – 410.

[156] 柏培文. 中国劳动要素配置扭曲程度的测量 [J]. 中国工业经济, 2012 (10): 19 – 31.

[157] Aidt, T. S., Jensen, P. S.. The taxman tools up: An event history study of the introduction of the personal income tax [J]. *Journal of Public Economics*, 2009, 93 (1 – 2): 160 – 175.

[158] 袁志刚, 解栋栋. 中国劳动力错配对 TFP 的影响分析 [J]. 经济研究, 2011 (7): 4 – 17.

[159] Akkemik, K. A.. Labor Productivity and Inter – Sectoral Real-location of Labor in Singapore (1965 – 2002) [J]. *Ge Growth Math Methods*,

2005（30）：1 – 22.

［160］Dias, D. A., Marques, C. R., Richmond C.. Misallocation and productivity in the lead up to the Eurozone crisis ［J］. *Journal of Macroeconomics*, 2015, 49：46 – 70.

［161］Baker, M., Wurgler, J.. Market Timing and Capital Structure ［J］. *Journal of Finance*, 2000, 57（1）：1 – 32.

［162］潘文卿, 张伟. 中国资本配置效率与金融发展相关性研究 ［J］. 管理世界, 2003（8）：16 – 23.

［163］Wurgler, J.. Financial markets and the allocation of capital ［J］. *Journal of Financial Economics*, 1999, 58（1 – 2）：187 – 214.

［164］Moll, B.. Capital misallocation and productivity losses from financial frictions ［J］. *Dissertations & Theses – Gradworks*, 2010, 75（4）：32 – 41.

［165］刘小玄, 李利英. 改制对企业绩效影响的实证分析 ［J］. 中国工业经济, 2005（3）：5 – 12.

［166］李青原, 潘雅敏, 陈晓. 国有经济比重与我国地区实体经济资本配置效率——来自省级工业行业数据的证据 ［J］. 经济学家, 2010（1）：38 – 48.

［167］Li, Q. Y., Zhao, Q., Li, J., et al.. The Study of FDI, Financial Development and Local Capital Allocation Efficiency ［J］. *Journal of Financial Research*, 2010, 35（3）：103 – 121.

［168］张佩, 马弘. 借贷约束与资源错配——来自中国的经验证据 ［J］. 清华大学学报（自然科学版）, 2012（9）：1303 – 1308.

［169］李静, 彭飞, 毛德凤. 资源错配与中国工业企业全要素生产率 ［J］. 财贸研究, 2012, 23（5）：46 – 53.

[170] 余婧，罗杰. 中国金融资源错配的微观机制——基于工业企业商业信贷的经验研究 [J]. 复旦学报（社会科学版），2012（1）：19 - 27.

[171] 袁礼. 资本错配对中国产出效率的影响：金融业与其他产业的对比分析 [D]. 东北师范大学，2013.

[172] 黄忠华，杜雪君，虞晓芬. 地权诉求、宅基地流转与农村劳动力转移 [J]. 公共管理学报，2012（3）：51 - 59.

[173] 谭荣，曲福田. 中国农地非农化与农地资源保护：从两难到双赢 [J]. 管理世界，2006（12）：50 - 59.

[174] 陈梅英，郑荣宝，王朝晖. 土地资源优化配置研究进展与展望 [J]. 热带地理，2009（5）：466 - 471.

[175] 钱文荣. 中国城市土地资源配置中的市场失灵、政府缺陷与用地规模过度扩张 [J]. 经济地理，2001（4）：456 - 460.

[176] 蔡继明，程世勇. 地价双向垄断与土地资源配置扭曲 [J]. 经济学动态，2010（1）：75 - 80.

[177] 陶然，陆曦，苏福兵，汪晖. 地区竞争格局演变下的中国转轨：财政激励和发展模式反思 [J]. 经济研究，2009（7）：21 - 33.

[178] Duarte, M., Restuccia, D.. The role of the structural transformation in aggregate productivity [J]. *Quarterly Journal of Economics*, 2009, 125（1）：129 - 173.

[179] 曲福田，田光明. 城乡统筹与农村集体土地产权制度改革 [J]. 管理世界，2011（6）：34 - 46.

[180] 石忆邵，张蕊. 大型公园绿地对住宅价格的时空影响效应——以上海市黄兴公园绿地为例 [J]. 地理研究，2010，29（3）：

510 - 520.

[181] Tombe, T., Winter, J.. Taxes versus Standards (Again): Misallocation and Productivity Consequences of Energy and Emission Intensity Targets [J]. *Trevor Tombe*, 2012, 15 (1): 117 - 152.

[182] 王芃, 武英涛. 能源产业市场扭曲与全要素生产率 [J]. 经济研究, 2014 (6): 142 - 155.

[183] 徐现祥, 舒元. 中国经济增长中的劳动结构效应 [J]. 世界经济, 2001 (5): 17 - 23.

[184] Denison, E. F.. Sources of Postwar Growth in Nine Western Countries [J]. *American Economic Review*, 1967, 57 (2): 325 - 336.

[185] Barro, R. J.. Human capital and growth in cross-country regression [J]. *Economic Growth*, 1999, Autumn.

[186] Williamson, S. D.. Sectoral Shifts, Labor Market Sorting, and Aggregate Fluctuations [J]. *International Economic Review*, 1990, 31 (4): 935 - 952.

[187] Krueger, A. B., Forslund, A.. An Evaluation of the Swedish Active Labor Market Policy: New and Received Wisdom [J]. *Social Science Electronic Publishing*, 1994: 267 - 298.

[188] Rodrik, D., Kaplan, E.. Did the Malaysian Capital Controls Work? [C]. Harvard University, John F. Kennedy School of Government, 2002.

[189] 黄赜琳. 实际经济周期与中国经济波动 [M]. 上海财经大学出版社, 2008.

[190] 陈师, 赵磊. 中国的实际经济周期与投资专有技术变迁 [J]. 管理世界, 2009 (4): 5 - 16.

［191］贺云松. 基于引入习惯形成的 RBC 模型的中国经济波动分析［J］. 统计与决策，2010（16）：105 - 106.

［192］王永进，盛丹. 经济波动、劳动力市场摩擦与产业结构［J］. 世界经济，2013（4）：22 - 46.

［193］Diamond, P. A.. Wage Determination and Efficiency in Search Equilibria［J］. *Review of Economic Studies*, 1982, 49（2）：217 - 227.

［194］Mortensen, D. T., Pissarides, C. A.. Unemployment Responses to "Skill-biased" Technology Shocks: the Role of Labour Market Policy［J］. *Economic Journal*, 1999, 109（455）：242 - 265.

［195］Acemoglu, D., Shimer, R.. Productivity gains from unemployment insurance［J］. *Ssrn Electronic Journal*, 2000, 44（7）：1195 - 1224.

［196］Peek, J., Rosengren, E. S., Tootell, G. M. B.. Identifying the Macroeconomic Effect of Loan Supply Shocks［J］. *Journal of Money Credit & Banking*, 2000, 35（6）：931 - 946.

［197］Jacques, K. T.. Procyclicality, Bank Lending, and the Macroeconomic Implications of a Revised Basel Accord［J］. *Financial Review*, 2010, 45（4）：915 - 930.

［198］Diamond, D. W.. Financial Intermediation as Delegated Monitoring［J］. *Review of Economic Studies*, 1984, 51（3）：393 - 414.

［199］Dasgupta, P., Stiglitz, J.. Resource Depletion under Technological Uncertainty［J］. *Econometrica*, 1981, 49（1）：85 - 104.

［200］Bernanke, B., Gertler, M.. Agency Costs, Net Worth, and Business Fluctuations［J］. *American Economic Review*, 1989, 79（79）：

14 - 31.

[201] Carlstrom, C. T. , Fuerst, T. S. . Agency costs, net worth, and business fluctuations: a computable general equilibrium analysis [J]. *Social Science Electronic Publishing*, 1997, 87 (5): 893 - 910.

[202] 康立, 龚六堂, 陈永伟. 金融摩擦、银行净资产与经济波动的行业间传导 [J]. 金融研究, 2013 (5): 32 - 46.

[203] Kato, R. , Kiyotaki, N. , Moore, J. . Credit Cycles [J]. *Journal of Political Economy*, 1997, 105 (2): 211 - 248.

[204] Jappellli, T. , Pagano, M. . Consumption and Capital Market Imperfection: An International Comparison [J]. *American Economic Review*, 1989, 79 (5): 1088 - 1105.

[205] Koren, M. , Tenreyro, S. . Volatility and development [J]. *Quarterly Journal of Economics*, 2005, 122 (1): 243 - 287.

[206] Krishna, P. , Levchenko, A. A. . Comparative advantage, complexity, and volatility [J]. *Journal of Economic Behavior & Organization*, 2013, 94 (2): 314 - 329.

[207] Aghion, B. P. , Peter Howitt, Fabrice Murtin. The Relationship Between Health and Growth: When Lucas Meets Nelson - Phelps [J]. *Working Manuscript*, 2009.

[208] 刘瑞明, 白永秀. 财政分权、制度创新与经济增长 [J]. 制度经济学研究, 2007 (4): 82 - 94.

[209] 李斌. 投资、消费与中国经济的内生增长: 古典角度的实证分析 [J]. 管理世界, 2004 (9): 13 - 23.

[210] 梅冬州, 王子健, 雷文妮. 党代会召开、监察力度变化与中国经济波动 [J]. 经济研究, 2014 (3): 47 - 61.

［211］李猛，坤荣. 地方政府行为对中国经济波动的影响［J］. 经济研究，2010（12）：35 – 47.

［212］郭庆旺，赵旭杰. 地方政府投资竞争与经济周期波动［J］. 世界经济，2012（5）：3 – 21.

［213］周业安，章泉. 财政分权、经济增长和波动［J］. 管理世界，2008（3）：6 – 15.

［214］龚旻，张帆. 中国地方政府的"相机抉择依赖症"与地区经济波动［J］. 当代财经，2015（3）：3 – 12.

［215］张军，高远，傅勇，张弘. 中国为什么拥有了良好的基础设施？［J］. 经济研究，2007（3）：4 – 19.

［216］王贤彬，徐现祥. 地方官员来源、去向、任期与经济增长——来自中国省长省委书记的证据［J］. 管理世界，2008（3）：16 – 26.

［217］周黎安，刘冲，厉行. 税收努力、征税机构与税收增长之谜［J］. 经济学（季刊），2012（1）：1 – 18.

［218］Neumeyer, P. A. , Sandleris, G. , Neumeyer, P. A. . Understanding Productivity During the Argentine Crisis［J］. *Business School Working Papers*, 2010.

［219］Chen, K. , Irarrazabal, A. A. . Misallocation and the Recovery of Manufacturing TFP after a Financial Crisis［J］. *Ssrn Electronic Journal*, 2013.

［220］Casacuberta, C. , Gandelman, N. , Soto, R. . Long-run growth and productivity changes in Uruguay: Evidence from aggregate and industry level data［J］. *International Journal of Development Issues*, 2007, 6（10）：106 – 124.

［221］ Ziebarth, N. L.. Are China and India backward? Evidence from the 19th century U. S. Census of Manufactures ［J］. *Review of Economic Dynamics*, 2011, 16 (1): 86 – 99.

［222］ Thomas, J. K., Khan, A.. Credit Shocks and Aggregate Fluctuations in an Economy with Production Heterogeneity ［C］. Meeting Papers. Society for Economic Dynamics, 2010.

［223］ Foster, L., Grim, C., Haltiwanger, J.. Reallocation in the Great Recession: Cleansing or Not? ［J］. *Ssrn Electronic Journal*, 2013, 34 (S1): 520 – 559 (40).

［224］ Schumpeter, J. A.. *Business Cycles: A Theoretical Historical and Statistical Analysis of the Capital Process* ［M］. New York: McGraw – Hill Book press. 1939, 2 vols.

［225］ Asker, J., Collard – Wexler, A., De Loecker, J.. Productivity Volatility and the Misallocation of Resources in Developing Economies ［J］. *Cepr Discussion Papers*, 2011.

［226］ Chen, K., Song, Z.. Financial frictions on capital allocation: A transmission mechanism of TFP fluctuations ［J］. *Journal of Monetary Economics*, 2013, 60 (6): 683 – 703.

［227］ Asker, J., Loecker, J. D.. Dynamic Inputs and Resource (Mis) Allocation ［J］. *Journal of Political Economy*, 2014, 122 (5): 1013 – 1063.

［228］ Loecker, J. D., Goldberg, P. K.. Firm Performance in a Global Market ［J］. *Annual Review of Economics*, 2014, 6 (1): 201 – 227.

［229］ 章上峰. 时变弹性生产函数生产率分解公式及其政策含义 ［J］. 数量经济技术经济研究, 2011 (7): 106 – 121.

［230］ Chenery, H. B., Robinson, S., Syrquin, M., et al. Industrialization and growth : a comparative study〔J〕. 1986（4）: 591 – 596.

〔231〕 Foster, J. E., Székely. M.. Is economic growth good for the poor? Tracking low incomes using general means〔J〕. *International Economic Review*, 2008, 49（4）: 1143 – 1172.

〔232〕 沈春苗, 郑江淮. 资源错配研究述评〔J〕. 改革, 2015（4）: 116 – 124.

〔233〕 Maechler, A., Roland – Holst, D. W.. Empirical Specifications for a General Equilibrium Analysis of Labor Market Policies and Adjustments〔J〕. *Oecd Development Centre Working Papers*, 1995.

〔234〕 Fisher, T. C. G., Waschik, R. G.. Union bargaining power, relative wages, and efficiency in Canada〔J〕. *Canadian Journal of Economics/revue Canadienne Déconomique*, 2000, 33（3）: 742 – 765.

〔235〕 Kornai, J. S.. Contradictions and Dilemmas〔J〕. *Development Economics*, 1986.

〔236〕 宋芳秀. 行政性资金配置、利率软约束与不良资产成因〔J〕. 经济管理, 2007（13）: 9 – 12.

〔237〕 Nordhaus, W. D.. The Political Business Cycle.〔J〕. *Review of Economic Studies*, 1975, 42（2）: 169 – 190.

〔238〕 Hibbs, D. A.. Political Parties and Macroeconomic Policy〔J〕. *American Political Science Review*, 1977, 71（71）: 1467 – 1487.

〔239〕 靳来群, 林金忠, 丁诗诗. 行政垄断对所有制差异所致资源错配的影响〔J〕. 中国工业经济, 2015（4）: 31 – 43.

〔240〕 陈卫东, 苗文龙. 政府换届、经济政策与政治经济周期〔J〕. 经济经纬, 2010（4）: 14 – 19.

〔241〕 蒋伏心, 林江. 晋升锦标赛、财政周期性与经济波动——

中国改革开放以来的经验 [J]. 财贸经济, 2010 (7): 44 - 50.

[242] 聂辉华, 王梦琦. 政治周期对反腐败的影响——基于 2003 ~ 2013 年中国厅级以上官员腐败案例的证据 [J]. 经济社会体制比较, 2014 (4): 127 - 140.

[243] Doeringer, P. B. , Piore, M. J. . Internal Labor Markets and Manpower Analysis. [J]. *Industrial & Labor Relations Review*, 1970: 344.

[244] Ranis, G. , Fei, J. C. H. . Development of the labor surplus economy: theory and policy. [J]. *Economic Journal*, 1964, 77 (306).

[245] Jorgenson, D. . Capital and Labor in Production: Comment. In *The Theory and Empirical Analysis of Production*, *Studies in Income and Wealth* [M]. New York: Columbia University Press, 1967. No. 31: 467 - 471.

[246] Todaro, M. P. . A Model for Labor Migration and Urban Unemployment in Less Developed Countries. [J]. *American Economic Review*, 1969, 59 (1): 138 - 148.

[247] 王大鹏. 产品市场竞争程度对企业融资行为的影响 [J]. 中山大学研究生学刊 (社会科学版), 2006 (3): 96 - 102.

[248] 王文, 孙早, 牛泽东. 产业政策、市场竞争与资源错配 [J]. 经济学家, 2014 (9): 22 - 32.

[249] 何里文, 刘伟. 中国农业发展存在 "结构红利" 吗? [J]. 西北农林科技大学学报 (社会科学版), 2015 (4): 79 - 86.

[250] 李承政, 顾海英, 史清华. 农地配置扭曲与流转效率研究——基于 1995 ~ 2007 浙江样本的实证 [J]. 经济科学, 2015 (3): 42 - 54.

[251] 邵挺. 金融错配、所有制结构与资本回报率: 来自 1999 ~

2007 年我国工业企业的研究 [J]. 金融研究, 2010 (9): 51 - 68.

[252] 叶文辉, 楼东玮. 资源错配的经济影响效应研究 [J]. 经济学动态, 2014 (11): 47 - 57.

[253] 杨光, 孙浦阳, 龚刚. 经济波动、成本约束与资源配置 [J]. 经济研究, 2015 (2): 47 - 60.

[254] Francisco, J.. Buera, Yongseok Shin. Self-insurance vs. self-financing: A welfare analysis of the persistence of shocks [J]. *Journal of Economic Theory*, 2011, 146 (3): 845 - 862.

[255] 王文, 孙早, 牛泽东. 资源配置与中国非农部门全要素生产率——基于制造业和服务业之间资源错配的分析 [J]. 经济理论与经济管理, 2015 (7): 87 - 99.

[256] 朱荃, 张天华. 政府规模与资源配置效率——基于异质性企业生产率的视角 [J]. 产业经济研究, 2016 (3): 41 - 50.

[257] 陆铭, 向宽虎. 破解效率与平衡的冲突——论中国的区域发展战略 [J]. 经济社会体制比较, 2014 (4): 1 - 16.

[258] Timmer, M. P., Szirmai, A.. Productivity growth in Asian manufacturing: the structural bonus hypothesis examined [J]. *Structural Change & Economic Dynamics*, 2000, 11 (4): 371 - 392.

[259] 易纲, 樊纲, 李岩. 关于中国经济增长与全要素生产率的理论思考 [J]. 经济研究, 2003 (8): 13 - 20.

[260] 陈硕, 朱琳. 基层地区差异与政策实施——以农村地区"一事一议"为例 [J]. 中国农村经济, 2015 (2).

[261] Syverson, C.. Product Substitutability and Productivity Dispersion [J]. *Review of Economics & Statistics*, 2006, 86 (2): 534 - 550.

［262］ Bartelsman, E. J. , Doms, M. . Understanding Productivity: Lessons from Longitudinal Microdata ［J］. *Journal of Economic Literature*, 2000, 38（3）: 569 – 594.

［263］ Griffith, M. , Mehra, V. , Woollen, R. . System and method for web application extensibility: US, US7814484 ［P］. 2010.

［264］ Hellerstein, J. K. , Neumark, D. . Workplace Segregation in the United States: Race, Ethnicity, and Skill ［J］. *Review of Economics & Statistics*, 2006, 90（3）: 459 – 477.

［265］ Hallwood, C. P. , Macdonald, R. , Marsh, I. W. . Realignment expectations and the US dollar, 1890 – 1897: Was there a 'Peso problem'? ［J］. *Journal of Monetary Economics*, 2000, 46（3）: 605 – 620.

［266］ 孙浦阳, 蒋为, 张龑. 产品替代性与生产率分布——基于中国制造业企业数据的实证 ［J］. 经济研究, 2013（4）: 30 – 42.

［267］ Landry, R. , Lamari, M. , Amara, N. . The Extent and Determinants of the Utilization of University Research in Government Agencies ［J］. *Public Administration Review*, 2003, 63（2）: 192 – 205.

［268］ 姚洋, 张牧扬. 官员绩效与晋升锦标赛——来自城市数据的证据 ［J］. 经济研究, 2013（1）: 137 – 150.

［269］ Jones, L. E. , Manuelli, R. E. , Siu, H. E. . Fluctuations in convex models of endogenous growth, II: Business cycle properties ［J］. *Review of Economic Dynamics*, 2005, 8（4）: 805 – 828.

［270］ 王贤彬, 徐现祥. 转型期的政治激励、财政分权与地方官员经济行为 ［J］. 南开经济研究, 2009（2）: 58 – 79.

［271］ 张尔升. 地方官员的企业背景与经济增长——来自中国省委书记、省长的证据 ［J］. 中国工业经济, 2010（3）: 129 – 138.

［272］王贤彬，周靖祥．地方官员异质性与公共服务供给绩效［J］．南方经济，2013（11）：47 – 59.

［273］邓子基，唐文倩．政府公共支出的经济稳定效应研究［J］．经济学动态，2012（7）：19 – 24.

［274］Martin J. Conyon. Industry Profit Margins and Concentration：Evidence from UK Manufacturing. ［J］. *International Review of Applied Economics*，1995，9（3）：275 – 290.

［275］Arellano，M.，Bond，S..Some Tests of Specification for Panel Data：Monte Carlo Evidence and an Application to Employment Equations.：Monte Carlo Evidence and an Application to Employment Equations.［J］. *Review of Economic Studies*，1991，58（2）：277 – 297.

［276］Arellano，M.，Bover，O..Female labour force participation in the 1980s：the case of Spain ［J］.*Banco De Espaa Working Papers*，1994，19（2）：171 – 194.

［277］Driscoll，J. C.，Kraay，A..Spatial Correlations in Panel Data. World Bank Policy Research Working Paper，No. 1553，1995.

［278］杨松滨．可悲"夕阳"陨"黄昏"——关于反腐败斗争中"59 岁现象"的剖析 ［J］.学理论，1998（2）：46 – 47.

［279］盛艳，盛乐."59 岁现象"和人力资本产权 ［J］.经济师，2002（4）：28 – 29.

［280］Sutton，J..*Technology and market structure* ［M］.The MIT Press，1998：511 – 530.

［281］孙浦阳，彭伟瑶．外商直接投资、资源配置与生产率提升——基于微观数据的验证 ［J］.中南财经政法大学学报，2014（6）：131 – 139.

［282］Ahsan，M.，Musteen M.．Multinational enterprises' Entry Mode Strategies and Uncertainty：A Review and Extension ［J］. *International Journal of Management Reviews*，2011，13（4）：376 – 392.

［283］Dani Rodrik. What's So Special about China's Exports? ［J］. *China & World Economy*，2006，14（5）：1 – 19.

［284］Hausmann，R.，Hwang，J.，Rodrik，D.．What you export matters ［J］. *Journal of Economic Growth*，2006，12（1）：1 – 25.

［285］邱斌，叶龙凤，孙少勤．参与全球生产网络对我国制造业价值链提升影响的实证研究——基于出口复杂度的分析 ［J］．中国工业经济，2012（1）：57 – 67.

后　　记

　　本书从要素市场视角解释中国经济增长与经济波动的问题。相对于西方国家，中国经历了由计划经济向市场经济转型的发展路径。在渐进式改革初期，各类市场主体发展较慢、力量较弱，逐步形成了政府主导型市场经济，制定了户籍制度等一系列非均衡政策，导致劳动力与资本市场分割，要素市场错配。随着改革的深化，要素错配不断深化，现行财政分权的财税体制和行政集权的晋升机制最终"锁定"了目前要素市场的局面。因此，通过研究要素市场破解我国经济长期增长动力不足、短期波动显著的困境具有重要的意义。这一思想形成于我在加拿大多伦多大学访学期间，主体完成于读博阶段。我坚信，影响中国经济效率的核心问题是要素市场错配，而这一原因具有历史惯性。

　　成书之际，首先要感谢的是魏玮教授，他是我的博导，也是我人生十字路口的领路人。恩师渊博的学识、严谨的治学态度、对现实问题高屋建瓴的分析都使我敬佩不已、受益终身；恩师对吾辈的情谊更是难以言表，永志难忘。这本书从选题、写作以及定稿整个过程无不凝结恩师的思想和心血。饮其流者怀其源，学有进时念吾师。此外要感谢的是给我提供访学机会的朱晓冬教授，他与勃兰特教授对中国要素市场的深刻理解影响了我，并在书稿形成初期提出了宝贵的指导意见。我还要特别感谢孙早教授、严明义教授、张倩肖教授对我的关心和帮助。同门师兄妹毕超、何旭波、宋一弘、姚博、郝威亚、周晓博、杨靖涛、张万里、朱莹等，他们在收集数据、文献和资料的过程中提供了支持与帮助，大家在一起学习和交流的过程，除了知识的共享和思想的碰撞，也使我感受到一个大家庭的和谐与温馨。同时也要感谢中央高校教师科研启动基金（项目编号：3102017OQD107）资助本书出版，感谢经济科学出版社和李雪编辑的工作。

感谢父母和家人，但愿我的努力能够给你们带去欣慰，你们无私的爱与支持是我前进的源源动力。

刘　婕

书稿整理于女儿若谷出生之时

2018 年 2 月 15 日